心康理得

＃與青少年溝通心法

目錄

父母篇

新一代父母的心態與期望

如何幫助子女學習

青少年篇

如何達致身心健康

活用正向心理學

如何交友

如何減壓

如何面對精神問題

序一
常存感恩的心

香港心理衞生會致力於推廣精神健康，機構不單在服務方面力求創新，亦不遺餘力地出版不同的刊物。此《心康理得》一書由不同專業人士，包括精神科醫生、臨床心理學家、職業治療師和社會工作員等的文章集結而成，內容涵蓋如何協助有過度活躍症或情緒困擾的青少年，以及如何處理個人的情緒問題，例如擁抱及接納自己當下的感受和經驗，常存感恩的心，欣賞生活中的美好事物，放下「事事關己」的思想包袱，還有與別人建立良好親密關係以增加幸福感等。此書內容豐富，能深入淺出地討論精神健康的問題，並作出實際可行的建議，實為不可多得的好書，值得我們推薦和細閱。

郭黎玉晶副教授
香港城市大學
社會及行為科學系

序二
共同跨過困難

　　過去一年，香港市民經歷新型冠狀病毒疫情和持續多時的政治及社會衝突，在經濟、家庭關係、個人心理健康上均面對許多挑戰，部份市民更出現焦慮或抑鬱徵狀。面對逆境，社會服務機構亦積極提升服務，透過不同項目，與市民同行，跨越困難。

　　香港心理衞生會出版書籍《心康理得》，輯錄不同專業人士撰寫促進青少年精神健康及親子關係之文章，對青少年及家長們尤具參考價值。

　　《心康理得》內容包括：「父母調整期望 助子女成長」、「提升抗逆力 面對困境」、「善用運動抗抑鬱情緒」等，正是香港現時所需。此書亦針對港人面對疫情的心境，加入相關文章如「疫情下的親子壓力處理」，不單從理論層面分析疫情帶來的種種壓力，更提供不少實用建議去保持良好親子關係及精神健康，協助讀者調適個人情緒，與家人共同跨過當前困難。

蔡海偉太平紳士
香港社會服務聯會
行政總裁

序

序三
精神健康與抗逆力

根據 2020 年香港精神科醫學院的調查，分別有約兩成的受訪小學家長和學校教職員，表現出至少一項中度至重度抑鬱、焦慮及創傷後遺症症狀，即在五個小學家長或教職員中各有大約一名家長或教職員有中度至嚴重精神健康問題，並需要支援跟進。

為了促進學生、家長和教職員的精神健康，近來教育界十分重視抗逆力訓練。抗逆力強的人身體較健康，較少出現抑鬱，人際關係、學習和工作表現都較好。抗逆力涉及多種能力，其中包括「情緒管理」，善於管理情緒的人，在壓力中仍能保持冷靜。負面情緒有時源自負面思想，改變負面想法，有助處理負面情緒。此外，抗逆力較強的人較樂觀和有盼望，但不等如盲目樂觀，他們是務實樂觀派，會努力尋找解難方法，並相信情況終有一天會變好。

「同理心」和「自我效能感」亦有助抗逆力，「同理心」是指身同感受、明白他人。同理心較強的人與他人有較好的情

感聯繫。「自我效能感」尤如自信心，相信自己有能力解決困難和達成目標。最後是「向外擴展」能力，抗逆力強的人敢於作新嘗試，走出舒適區，開拓新境界。

除了校園，家庭的精神健康也同樣種要。家庭可以是抒困、治療創傷的避難所，也可以是加壓、製造創傷的戰場。無論工作、生活壓力有多大，我們也要珍惜家人之間的關係，在困難中彼此鼓勵，在創傷中彼此療傷，才能在困難中咬緊牙關撐過去。每天花一點時間，家人之間互訴心事，表達關懷、體諒。每週或每月與親友聯繫，可以實體見面的盡量爭取，就算電話問候也好，有困難千萬不要獨自面對，就算未找到即時解決辦法，有人聆聽和明白，已是很大安慰了。

張笑容

教育及理財顧問、資深傳媒人、笑容生活教室總監

2020 年 11 月 19 日

序

編者的話

香港社會生活節奏急速，不論作為家長或是作為青少年子女，都面對不少困難、壓力和挑戰。有見及此，香港心理衛生會邀請了不同的專業人士，為香港的家長和青少年提供有關精神健康，以至精神病的專業資訊，並於一年多前在報章專欄定期刊登，深受歡迎。

面對近半年來的 2019 年新型冠狀病毒肺炎疫情，家長和青少年子女都百上加斤，壓力感和無助感大增，遂有意把上述的專欄文章加上一些處理疫情下親子壓力的提示，結集成書，幫助市民大眾在困境之中保持精神健康。

這些文章有些是寫給作為家長的，例如現在新一代的父母相比上一代會面對甚麼新的挑戰，應該如何調整期望。如何幫助子女學習相信是困擾最多家長的問題，作者們從如何面對上學恐懼、面對溫習、做功課和考試壓力、以及有效的獎勵方法等多方面探討，提出很多實用的建議。亦有作者幫助家長透過建立正確的同理心、積極聆聽和有效溝通三步曲等，有效地促進與子女的溝通。

寫給青少年子女和學生的文章亦題材廣泛，例如就如何達

致身心健康而言，作者從正向心理（希望感、感恩、樂觀及自我肯定等）、勤做運動、多角度思維、解難方法、建立睡眠和良好生活習慣以及助人為樂等不同的向度，深入淺出地提供很多可行的建議。考試壓力（不論是校內考試還是公開考試）是學生最常見的壓力來源，倘若未能適當處理壓力，學生可能煩躁不安，嚴重者甚至可能誘發情緒病及精神病。部份文章教導青少年如何減壓，以及倘若出現精神問題時應該如何面對。此外，對大部份青少年來說，可謂朋友勝於一切，故此有些文章會就如何交友提供適切的意見。

總的來說，我認為這些文章平實易懂，對家長和青少年子女都很有參考價值。我亦有幸成為編者之一，將這些文章結集成書。或許有人認為，家長和青少年子女有如在旋轉的地毯上跳舞般難以互相配合，然而我深信辦法總比困難多。盼望這本書能帶給家長和子女一些指引，幫助他們「心康理得」。

我希望在此多謝作者們的無私付出，提供他們的寶貴意見。我亦感謝香港心理衞生會的同工協助統籌、校對和與出版社協作，同時感謝出版社使此書順利刊印出版。

黃雄基
香港心理衞生會
出版小組委員會委員

編者的話

父母篇

新一代父母的心態與期望

新一代父母　有新一種挑戰

江偉賢博士
臨床心理學家

　　記得有一次，我在一個親子工作坊中説到主動學習的重要性，有一位家長在研討會之後留下來，憂心忡忡地問我如何可以讓孩子喜歡讀書。他一臉無助地對我説：「軟的硬的無不試過，兒子一有時間就是拿着電話打機。我試過沒收他的電話，但總是變成大吵大鬧收場。」有時似乎「理想」跟「現實」中間往往有一道打不破的牆。

代代有不同

　　「父母」是這個世界上最難做的職業，尤其是這個年代的父母。香港過去數十年的發展、人民的拼搏，令香港得到一個很高的國際地位，而同時社會文化、生活水平、知識水平、家庭結構等都起了翻天覆地的變化。很多 50-60 年代出生的人，小時候家庭環境都比較緊絀，而且當時一般家庭生育較多，大部份孩子都沒有得到多少父母的關注，反而兄弟姐妹間的感情

成為成長的主要成份；到 70-80 年代出生的，家庭收入開始穩定，生活質素也得到顯著提升，加上「兩個就夠晒數」，父母管教便自然更為集中，表面上看是一代比一代幸福，但事實上父母對子女的期望放大，變相孩子在成長間的自由和自主便因而受到限制，亦不乏體罰的教育。現在，一群早幾年被標籤為少不更事的「80 後」，現在不少已經成家立室了，開始面對着人生一個重大的挑戰：養兒育女。

打罵不行　還能怎樣

　　在心理治療中，很常遇到年輕的父母明知打罵孩子帶來的問題，但卻在「走投無路」之下出此下策，事後更會被一種莫名的內疚感折磨。所謂病急亂投醫，看見子女的問題行為，情急之下惟有用父母對自己的一套依樣葫蘆，因為大家都是「打大的」，但現在說打罵會傷害孩子，卻沒有更好的方法可循，最終換來的無助感對於管教更是有害無利。其實父母必須明白，社會發展到今天，現今的孩子普遍絕不缺乏資源。他們真正需要的，是一種被明白的感動。

父母篇

發展對孩子感受的洞察力

在無助感的推動下，家長往往不停問專家應該怎樣做，其實最需要的是自己培養好感受孩子的能力。回說那個親子研討會後家長的問題，當時我反問：「那麼你喜歡讀書考試嗎？」家長尷尬地笑了一下，搖搖頭。我再問：「那麼如何可以讓你喜歡讀書？」其實每個人也有自己的喜好，就算我們自己強迫自己喜歡上一樣東西也未必做到，更何況是強迫一個孩子？再想想如果被迫的是自己，最終只會更討厭那樣東西吧！家長若能感受孩子的反抗情緒，就能拿捏如何恰到好處地引導孩子。在研討會後，我給家長最後的話：「教育孩子的路上，讓他喜歡讀書和喜歡學習，哪一個更重要？」

不同年代的社會、經濟模式造就了不同的教養需要，而現在新一代父母面對最大的迷思，就是知道暴力對孩子的負面影響，但自己除了打罵之外，再無更有效的管教方法。其實最好的方法是提升自己對孩子的洞察力，以下是其中的一些家長在教養中經常忽略的事情。

清晰指示　減少負面指令

首先，教育幼兒時可盡量作清晰指示，減少負面指令。「不要劃花牆壁」、「不要放入口」，這些負面指令對幼兒來說可

是一些無所適從的説話。家長可以在後面加入清晰指示，告訴孩子確實應該做甚麼，例如當孩子想把地上的糖果放進口中時，可以對孩子説：「這個已經髒了，我們放進垃圾桶內。」

孩子挑戰父母時

再過些時候，當孩子越來越有自己的看法時，常常會令家長為他們的反抗行為而頭痛，但換個角度看，孩子已經在不知不覺間成長，發展自己的喜好與性格，他們有時會透過挑戰父母的底線來了解這個世界的運作。然而有些父母會因此而感到自己權威地位受到威脅，便會用更大的力量去停止孩子的反叛行為。這時候孩子的問題行為會瞬間停止，但當父母以為奏效時，其實便種下了真正的禍根。

充斥着憤怒的悲傷

孩子因為恐懼被打罵而把情緒埋藏起來，轉化為憤怒。不要以為自己這麼疼愛孩子，他便不應對你憤怒，想想自己小時候有沒有經驗過不被理解後對大人的憤怒？這種憤怒背後還有一種悲傷，就是他的痛苦不可以跟你説，因為你不曾接受他的真實感覺，於是父母和子女的距離便會隨着成長越走越遠了。

反叛孩子 在苦苦等着你

　　有人以為孩子反叛行為是一個大問題，但在我看來，不可理喻的反叛才是風暴中的一道曙光。激烈的反叛，背後往往是憤怒；憤怒時最希望得到被忽略的補償，所以憤怒背後，內心往往是在淌着淚說：「我需要你的愛。」反而最大的問題是，父母有沒有放下高高在上的勇氣，踏進孩子小小的大世界，在教育之前先安撫一下那尚未成熟的受創心靈，同時放慢自己的步伐，讓孩子慢慢學會用言語表達其心中感受，引導其多運用情感的字詞，例如傷心、失望、驚、掛念、憤怒等情緒。當家長能給予孩子適當宣洩情緒的時間，其實你已經教了他一件很重要的事情：「孩子，我愛的不是你的好，也不是你的壞，我愛的是你。」

父母調整期望　助子女健康成長

曾媚
精神健康綜合社區中心註冊社工

　　作為從事心理健康教育的工作者，我們常常有機會在不同學校或場合分享促進心理健康的資訊，接觸到許多家長、老師或者學生，有時候從他們的分享裏，深切感受到現今社會，不同角色都面對着許多壓力及期望。以下的故事或者可以讓我們思想，父母對子女的期望，可能要因應子女的成長需要及其特點而作出調整：

　　一位父親的女兒剛剛升上中一，正在適應中學的生活。她在小學時已被診斷患有分離焦慮，不願意離開父母，抗拒結交新朋友或面對陌生人，對於要升上中學極之害怕。早前學校提供為期一個星期的中一適應週，這位爸爸要千方百計，又哄又騙，才令女兒勉強參加適應週活動。但是，女兒每天都不能完成當日的課程，常常表示肚痛、頭痛或頭暈，要父母中途接她回家。回到家也停止不了眼淚汪汪，彷彿經歷生離死別，令父母及老師非常擔心她在學校的適應。

父母篇

幸好校方也體諒這位女學生的情況，老師特別關心她，也鼓勵與她同一小學升上中學的同學多照顧她；在校方及父母的鼓勵及支援下，女兒上學後，終於基本上可以完成當日課程才回家，但仍不時表現緊張及害怕上學。這時候，爸爸聽說下個月學校會舉辦領袖學生四天台灣交流團，就立即為女兒報名參加，希望女兒透過交流團學習獨立。可是，女兒一聽見要離開家裏幾天，已經嚇到睡不着覺。

這位爸爸覺得，他與太太已經用不同方法幫助女兒，並且以女兒的感受為重。只是，他非常期望女兒可以快點成長，及早追上其他同齡學生，故此才想迫她參加交流團。

這位爸爸的確有許多無奈，多心急也無法把女兒的成長進度加快。反而，他其實應該調節自己對女兒的期望，因為無論父母有多麼望子成龍、望女成鳳，子女始終是獨立的個體，有其成長的獨特性。與其竭力要求子女達成自己的期望，不如順着子女的獨特性及現實的限制，調節期望，讓孩子可以有足夠的空間成長。

幸好，故事之後的發展，是這位爸爸明白到離港數日的挑戰，對於自己的女兒來說，實在太可怕了，並非女兒現時可

以接受的成長步伐。他決定改變自己的期望及要求，不強迫女兒去走這一步，而是慢慢計劃更適合她的活動，逐步幫助她獨立。

父母篇

過度保護　反成孩子的成長障礙

曾媚
精神健康綜合社區中心註冊社工

　　現代父母不易為，但與以往相比，現代父母其實多了不少途徑可以汲取教育之道，甚至在日常娛樂中也有不少親子教育的題材，能夠寓娛樂於提升親子知識。近期日本一套劇集《過度保護的加穗子》，主題是探討父母過份保護子女的問題，就帶出深遠的教育意義，值得在此和大家分享。

　　在這套日劇中，主角加穗子是一位快將在大學畢業的女孩，卻因為受父母過度保護，日常小事如選衣物、接送上學、帶回校的午餐、工作方向都由父母決定，生活無憂，身邊更圍繞了一大群愛護她的親戚，令她失去自理及獨立能力，言行舉止就與小學生無異，鬧出不少笑話。劇集當然是誇張地描述主角的延遲發展，增加喜劇感，但也令人深思，在父母過度保護下，孩子看似是幸福可愛，卻往往因而失去個人承擔、獨立面對及解決困難的能力，成為他們成長的障礙。

　　不但如此，英國華威大學（University of Warwick）在2013年公佈過一項關於孩童欺凌問題的調查研究。研究意外地

發現，被父母過度保護的小朋友，會比其他小孩更容易遭受同輩欺負。負責研究的心理學教授 Dieter Wolke 最初估計，照理是父母越嚴厲，子女在外才會越易受欺凌，結果卻發現，受過度保護的子女被欺凌的危機也相當高。

Dieter Wolke 認為，子女需要家人的支持，但部份父母過猶不及，期望為子女遮風擋雨，攔去生活裏所有負面經驗，導致子女無法從挫折中學習，缺乏隨機應對的能力，面對欺凌時會脆弱無力，變相更易成為欺凌者的目標。相反，子女如果在成長過程接受過一定程度的磨煉，就會知道怎樣處理衝突、嘗試自行解決問題。

香港近年流行形容過度保護子女及自我中心的家長為「直升機家長」或「怪獸家長」，但我相信這些家長的出發點都是愛子女心切、望子女成龍成鳳，恨不得子女一生一世獲得最好的照顧，人生能完美無憾。只是，父母不能一生操控子女的思想、行為及命運，每個人都有其獨立的生命發展，需要按着孩子成長階段、慢慢地放手。

上述日劇劇中主角的婆婆曾經對主角媽媽説：「信任孩子，比愛孩子，更難。」信任孩子，給予孩子空間發展，原來是比愛他們更難的事，但願各位父母能夠「成功」信任你的孩子。

父母篇

活着就是最重要

江偉賢博士
臨床心理學家

　　近年多了很多有趣的名詞，如「怪獸家長」、「直升機父母」、「港爸港媽」等等，從來沒有人正式地為這些字詞作清晰的定義，但説出口卻像是潮人説潮語，不能言明卻能意會。這些傷人的話語説出口一點都不難，然而在亂箭中受傷的父母可能是淌着血獨自面對每天的孤獨、無奈，同時背負着這個罪名活下去的受害人。這樣説可能有一點誇張，但試問那些把一生精力都投放於培育子女的父母，被人一口否定其所有苦心付出，又是何等的痛？

中西文化大差異　孩子成為家庭的中心

　　香港雖為國際金融中心，為多元文化滙聚之地，然而在子女培育及家庭結構方面卻是非常「中式」的。在情侶熱戀時，通常都會為對方賦予親暱得難以於人前啟齒的別名，而這些名字通常都會被一直沿用至他們孩子出生的那一刻。之後，他們

對彼此的稱呼就會變成「爸爸」、「媽媽」。孩子成為了家庭的中心。當然，這可以反映出父母對子女的重視。這種愛正正是每一個孩子成長的最佳禮物，但同時亦會為父母帶來難以想像的壓力。

壓力來自教育任務

「我真係唔識做一個好媽媽」、「我知我唔應該發脾氣，但我真係控制唔到自己」……這些說話，不管在治療室中還是朋友對話中，我都經常聽到，而更多人會叫我教他們如何可以好好控制自己的情緒。其實要解決問題，必須找到根源；問題不在於如何控制情緒，而是為甚麼在管教中會產生如此難以忍受的情緒。在我的臨床經驗中，很多父母都給予自己很重很重的教育任務，根據自己半生的歷煉，為孩子設計了最佳的發展路徑，但當孩子的行為越來越偏離心中所想，便會焦躁起來，而孩子反而更加偏離航道，甚至做出令人頭痛的反叛行為。這時候若果家長只是一味加大力度，要求子女「聽話」，最終只會犧牲了珍貴的親子關係。

不要因為重要的，而放棄更重要的

可能很多人會問：「那麼即是管教也有錯？」管教當然無

錯，父母亦不宜放任孩子，適當的規則也可幫助孩子學會如何與人交往。然而，父母必需要知道，管教可以有很多機會，但試問關係破壞了，又如何可以有效地管教？當孩子做出很多反叛行為時，很可能其實他正以另一種方式去告訴你他有多麼需要你。父母不妨在那一刻先放下自己的教育任務，用最原始的愛去告訴他，也告訴自己甚麼是最重要。甚麼是最重要？活着就是最重要。

照顧關係改變　隔代照顧常見

區敏怡
前社區教育部教育主任

　　筆者早幾年負責不少較為年輕的個案，也正因如此與家長有不少溝通機會。記得某次一位母親到中心作諮詢，並描述其女兒近年的情緒狀況和行為問題，當我嘗試了解其家庭近年有否變化，母親起初想不起些甚麼，及後才發現其母（即其女兒的外婆）去世，而時間上與女兒出現情緒狀況的時間頗吻合。當時該位母親驚訝地回應：

　　「嗰個係我阿媽，我都未咁影響；嗰個係佢婆婆咋喎，點會咁大影響。」

　　隨着社會不斷轉變，連照顧子女的角色也轉變，因為離婚、分居、未婚懷孕、長期外地工作以及本地工時長等問題，令到父母親們未能承擔起作為父母的角色，除了聘請外傭協助外，最可靠的選擇非自己的父母莫屬，因此香港有不少家庭需要家中長輩協助照顧孩子，祖父母成為孫兒的主要照顧者。

　　這樣說來，長輩與孩子的相處時間長，包括安排一日數

父母篇

餐、睡午覺、玩樂時間、管接管送等任務。說仔細點，就是照顧孩子的重要細節，由孩子最基本的需要如餵食、洗澡，到與至親連繫的觸碰（如擁抱或牽手），全部得由家中長輩代勞，而正因如此，在孩子的世界，長輩與自己的連繫等同自己的親生父母。同樣地，此文最初提及的母親礙於生活需要，夫妻二人均要外出長時間工作，所以女兒出生不久便交由外婆照顧，而該母親亦因為盡其最大努力安頓好，在女兒就讀小學後期帶回家中照顧，每週末才到外婆家中吃飯。

其實，隔代照顧的情況有增無減，因此隔代關係更不能忽視，試觀察身邊的青年人，其實不少假日自願跑到長輩家中探望，或與長輩喝茶，與祖父母的關係有時可能比父母還要好，亦比與父母的感情還要糾纏。牽連下去就是生死的課題，正常情況下可以想像長輩比自己更早離開，而我們在不同年齡或經歷，對死亡的理解和接受程度可以大為不同。許多父母只能察覺和理解子女與祖父母感情要好，認為有時長輩的離開是自然不過的事情，沒有多大影響，這只是他們以自身角度出發，卻沒有考慮孩童和青少年對於失去「父母」的接受程度。

說實話，交由長輩照顧，我們都是迫不得已；隔代的獨特情感，他們也是情非得已，那麼便請對孩童多點明白，也對家

中的長輩說句多謝。畢竟，在這個時代，隔代的照顧關係成就
了我們的生活，也為我們造就了一點自由。

父母篇

如何幫助子女學習

中一新學年　三招助孩子適應

黃南輝
前社區教育部教育主任

　　踏入新學年，學生要面對新的學校環境、新的同學及老師甚至新的學習模式，不少父母和子女的壓力都會感到突然大增。其中以小六升上中學的學生來說，相信會遇上較大的適應上的困難。原因是升上中一以後，學生開始脫離「兒童」的階段，步入青少年期，不單身心將出現重大變化，與父母的關係亦會發生變化，當諸多變化差不多同時一起發生時，不論學生或是家長難免會感受到很大的壓力。

　　許多學校會為新生們舉辦導向活動，讓學生在新學期開課前熟悉一下學校的環境和設施、上課的方式和制度、班上的同學和老師等，這些活動無疑對於新生的適應有一定的幫助。至於家長則可以在以下各方面協助升中一的孩子適應新學年的挑戰：

一、提升子女分析及思維的能力

　　中學的教學重點和小學的最大分別是開始強調訓練學生的理解及思考能力。學生要「消化」問題及課文，更甚者有

時遇上問得較「模棱兩可」的問題，學生要有較細密的思考及判斷，才可找到答案。其中小組討論是中學常見的學習模式，學生需環繞某個主題或幾個問題互相討論，這對他們的說話技巧、邏輯思維等確是個考驗。家長其實可以透過日常的生活細節提升孩子有關的能力。例如定期開召家庭會議，討論家庭事務，鼓勵子女表達意見，互相討論，父母亦分享他們的看法，一起作決定。同時，安排事情時逐步以商量取代吩咐或指示，鼓勵孩子多作思考並自行作選擇。這樣既可以加強親子的溝通，促進子女在家庭事務的參與，同時亦可提升他們的表達、分析及決策能力。

二、培養及提升子女對語文的興趣

中學課程對於學生中英文語文能力都有所提升，加上很多原先以中文教授的學科（如數學）都改以英文授課，這些改變往往令新生們難以適應。其實要提升語文能力，往往離不開多看、多聽及多寫而前提是孩子對語文要感興趣（最起碼要不抗拒）。要現今的初中學生多寫文章似乎是不大可能的事，不過家長仍然可以在多看及多聽方面下功夫。其實從孩子很小開始便應該培養他們喜歡閱讀的習慣，家長應多些陪他們上圖書館，鼓勵或建議他們選擇一些感興趣的文章閱讀。另一方面互

父母篇

聯網（例如 YouTube）有很多有趣的、適合孩子看的片段，可以與孩子們一起選擇及觀看這些片段。

三、善用社區資源

很多父母雖然都很想協助子女，但往往覺得自己能力不足，有心而無力。其實社區上有不少適合的資源，可能為父母分擔有關的工作。例如有不少青少年服務機構都會為升中一的新生舉辦新學年的導向活動。他們亦設有功課輔導服務協助教導學業上的問題。如果父母在管教子女方面遇上困難，他們亦可以為父母提供個人輔導及小組工作。

頭痛嘔吐驚返學

程志剛
香港心理衞生會總幹事

　　新學年開學後，不少學生都抱着既緊張及興奮的心情回到校園。他們或急切地渴望與好友重聚，又或緊張地期待新學期的挑戰。但是，對小部份學童或是一些初次踏足校園的幼童來說，卻是另一回事。

　　剛升上小四的頌恩便是一個例子，他在新學期要上課的日子，無故連續出現發燒、嘔吐等症狀，他的媽媽帶他看醫生又找不到病因，父母都焦急起來。其實，部份學童或會因為與父母分開和面對陌生的環境，而感到焦慮，嚴重者會出現拒絕上學的情況，同時更會一併出現上述頭痛、胃痛或嘔吐等的病徵，這就是所謂的「上學恐懼症」。

　　根據美國心理學會的統計，近百分之五至十的學童具有輕微的「上學恐懼症」症狀，而百分之一的學童則有嚴重的症狀。近代一些心理學家則將上學恐懼症重新界定為拒絕上學，因為前者容易使人將焦點集中在學校上，而事實來說，不少學

父母篇

童的焦慮卻來自與父母分開而引發的不安情緒。無論如何，我們大可將上學恐懼症廣義為與上學有關的焦慮與惶恐，患者會出現的症狀包括拒絕上學、恐慌、嚎哭、暴躁、羞怯、極度需要父母的注意，和一些生理症狀如頭疼及肚疼等。

一般來說，上學恐懼症可以發生在不同年齡的學童，一般來說，若發生在三至六歲的學童上，原因多來自因初次上學而與父母分離所產生的焦慮有關；若發生在 12 至 13 歲的學童身上，則多與升中、轉校或新學期帶來的壓力相關；但是若發生在青少年期的時間，則有可能是抑鬱症的初期症狀。在界定之前，我們還需要留意出現的症狀最少已持續兩星期，而一併出現的症狀如胃痛、頭痛、嘔吐等卻又是醫生找不到病因的，更特別的是這些症狀多數在週六、日等不用上學的日子自然好轉。這也是對家長的一個提示。

當然，若症狀持續不斷，家長還是要為子女作徹底的身體檢查，以防萬一。家庭遇到困難或疑問是應及早與老師及學校社工商討如何協助子女，切忌強迫子女上學，否則只會適得其反。

對症下藥　孩子不再怕上學

程志剛
香港心理衞生會總幹事

　　上學恐懼症常常發生在年幼的學童身上，其實歸根究底都是與壓力有關。上學對於成人來說，可能算不上怎麼一回事，除了考試或升學外，我們或想不起還有甚麼壓力了，但原來對學童來說，上學的壓力可以來自不同的方面。大致來說，可歸納如下：

　　一、生活習慣及環境改變：包括早起、趕車、適應急忙的上學路程。而陌生的學校、課堂環境、陌生的同學、老師，甚至響鬧的上堂鐘聲都可以是壓力的來源。

　　二、不愉快的課堂經驗：這些經驗很多時可以來自我們不以為意的方面，例如面試時的不愉快經驗，上課時不懂得回答老師的問題，在穿校服的日子穿錯體育服、或是不懂得上廁所等。

　　三、學習能力：例如學生在某些科目上沒有足夠的應付能

父母篇

力，又或未能應付突擊測驗、提問等，有時也會因為在上體育課時，體能上做不到老師的某些要求而感羞怯。

四、與父母分離：對於幼童，尤其獨生子女來說，這是很普遍的壓力來源。雖然只是每天短暫的分離，卻可使幼童產生莫大的焦慮。原來對他們來說，這很易令他們產生一些非理性的想法，例如他們可能會擔心自己不在家，母親會受到別人傷害，於是惶恐不安。

五、社交技巧：例如不懂得處理同學們的取笑或欺負，又或是沒有足夠的自信在課堂上面對群眾和表達自己等。

很多時家長對於子女拒絕上學的表現，只會覺得子女懶惰，第一時間的反應便是指責和謾罵，可是這卻會使子女變得更為焦慮不安，問題只會越是變得嚴重。

其實，從以上所見，子女在上學時遇到的壓力可以是來自多方面的，例如個人性格因素、學習能力、社交技巧和環境等因素。面對這些情況，家長及老師可以如何協助子女，舒緩上學的壓力呢？筆者有以下的建議：

一、生活習慣及環境的改變：預早與子女一起了解學校的環境，上學路線會有一定的幫助，可以的話在學期初陪同子女上課，更是有助幼兒的適應。此外家長也可留意於上學前預早

數天為子女調整生活節奏，作好心理和生理的準備。

二、**課室經驗**：家長可多與老師溝通，取得老師的協助，在課堂上多加支持和讚賞。老師也可刻意安排學童負責一些簡單工作和參與他們喜歡的活動，以製造平衡的正面經驗。

三、**學習能力**：最有效的方法莫過於家長的參與和支持，作為父母的可一起協助學童應付功課，這當然還包括體育科和學術科的參與，但請切記需多配合鼓勵和讚賞。

四、**與父母分離**：父母需要給予子女確切的肯定和安撫，使他們知道父母一定可以安全與他們重聚。在分別時可請求幼童代為保管一些物品如鎖匙，這樣可使他們知道父母會在約定的時間出現取回物品。當然父母切忌因任何理由而沒有在接放學的時間出現。此外，漸進式的幫助子女習慣自己分開的時間也是有效方法。

五、**社交技巧**：父母同樣需要取得老師的協助，培養子女的自信心，如安排與群體共同完成一些簡單的工作以建立自我和認同。同時，父母也可多教導子女一些理性思想的方式，例如幼童以為自己射不入球使團隊輸波而感覺自己沒用，我們可協助使其明白，很多人也會射不入球，而且以後還是有機會的。

父母篇

最後再和家長們分享一些「小貼士」：

（1）多耐心聆聽，了解問題所在。

（2）分享自己幼時的經驗，有助減低焦慮。

（3）一起預備上學的物品，購買文具書包等，以愉快之心情感染子女。

（4）避免威嚇和責罵，否則弄巧反拙。

（5）支持和關心的態度，但不容妥協。

（6）須留意學童的焦慮很多時是來自父母的焦慮。

（7）保持與家人和老師的溝通，共同處理困難。

　　總結來說，家長只要及早預備子女和了解他們在適應上的困難。幼童害怕上學的問題並不難處理，而事實上，一般也能在很短的時間內便安頓下來，而家長及老師們的細心留意及支持，能幫助學童更適應上學的日子，快樂成長。

有錢使得子勤學？

程思齊博士
臨床心理學家

　　現今，很多家長都十分重視孩子的學習成績，並用不同方法來鼓勵孩子學習。其中，利用金錢作為獎勵並不罕見。那到底應不應該以金錢作為獎勵呢？

　　心理學家奧蘇貝爾提出，學習動機分為三種：（一）認知內驅力，（二）自我提高內驅力和（三）附屬內驅力。認知內驅力即學生自身渴望了解及掌握知識的需要；自我提高內驅力是指學生把學習視為取得地位與自尊的根源，要求自己取得某地位與成就的需要；而附屬內驅力就是學生取得家長或老師認可或獎勵的需要。三種學習動機對不同年齡的學生有不同的作用。只有在兒童時期，附屬內驅力才比較有效。隨年齡增長，孩子的學習則是以認知內驅力及自我提高內驅力兩類動機為主。

　　以金錢為獎勵也許確實能夠刺激孩子努力學習，但其效果往往不能持續。孩子學習的原因是「我要得到金錢」而非「我

父母篇

要得到知識，取得成就」。可想而知，當父母不再利用金錢作為獎勵或孩子對金錢再沒需求時，孩子就會拒絕學習，並不會覺得愧疚。

心理學家德西曾做了一項研究。他讓大學生在實驗室裏解答智力題。他把實驗分為三階段。第一階段，所有學生都沒有獎勵；第二階段，學生被分為 A 和 B 組，A 組解答問題有金錢獎勵，B 組依然沒獎勵；第三階段，學生可自由活動，他們可選擇休息或繼續作答。結果是 A 組學生在第二階段表現得非常努力解題，但他們在第三階段時只有少數人仍繼續解題，A 組學生對答題的興趣顯得減弱。B 組學生則有更多人在第三階段仍願意花時間繼續解題，他們對答題有濃厚興趣。這就是著名的「德西效應」。研究證明提供外在物質獎勵會改變我們做事的動機，即由一開始的為興趣而努力演變成後來的為獎勵而努力。

　　那應該怎樣獎勵孩子呢？無可否認，獎勵有其效用。不過，它亦有其負面作用。其實比起金錢或物質性獎勵，一些非物質性的獎勵，例如稱讚，擁抱和帶孩子到公園玩耍，往往對孩子學習及成長更為有益。孩子的努力不但得到認同，親子關係也能有所提升。總括而言，家長也不應太着重於用獎勵刺激孩子學習，學習好本身何嘗不是最好的獎勵呢？

父母篇

努力可控制　成功靠行動

程思齊博士
臨床心理學家

為甚麼有些孩子雖然擁有不錯的學習能力，但卻又不願意花心思於學業上呢？很多家長都會埋怨說他們孩子的成績本來不錯，但卻變得越來越不願意主動學習？不少的家長遇到這樣的孩子時都會嘗試跟孩子溝通，告訴他們：「你其實很聰明，只是沒有把心思放在學業上。」他們希望可以令孩子變得有自信，繼而轉變他們的學習態度。然而，孩子會因為被稱讚聰明而相信自己有能力和變得主動學習嗎？答案是不會。

心理學家朱利安・羅特的控制信念理論指出控制信念有兩種，分別是「內控」和「外控」。「內控者」相信事情的結果取決於個人的努力程度，相信自己能夠對事情發展作出影響；而「外控者」相信事情的結果是由非自己能控制的外在因素造成，傾向放棄自己對事情發展的責任。

當長家告訴孩子「你真聰明，做得很好」時，其實他們是在告訴孩子成功是來自天生的能力，而不是可以自己控制的。

因此，孩子會相信自己的行為不會對結果造成改變，並拒絕嘗試付出努力。他們會把學習失敗的原因歸因於自己不夠聰明，是他們天資不足，非他們自己所能控制，最後並會變得逃避甚至放棄學習較難的課題。

相反，若家長告訴孩子「你真努力，做得很好」時，家長其實是在告訴孩子成敗是取決於自己的行動，結果是可以自己掌控的，只要願意付出努力，便可以得到回報。因此，孩子會變得願意主動付出努力學習。他們會把學習失敗歸因於自己不夠努力而督促自己更加勤奮，並更願意積極學習具挑戰性的課題。

為了推動孩子學習，家長都用盡千方百計。可是方法錯了的話，往往只會適得其反。相信很多家長都明白，後天努力比先天聰慧更重要。其實所有成績都是孩子用努力換取回來的。所以，下次若孩子獲得好成績時，請對他們說：「我為你取得好成績感到高興，這都是你努力的成果。」

行為各有後果　不只家長發火

程思齊博士
臨床心理學家

「你再做功課做咁慢，我就沒收你部手機！」相信很多家長都對孩子做過相類似的事情，出發點都是要讓孩子學會對自己的行為承擔後果。這些懲罰一般都可以令孩子就範，只不過，孩子會真的理解自己所承擔的是自己所為的後果嗎？還是他們只認為他們是在承擔令家長發怒的後果呢？此外，他們會把注意力放在認識自己的錯誤上還是被懲罰的恐懼上呢？

想讓孩子明白他們所作的行為會帶來後果，心理學家阿德勒提出了「自然後果」及「邏輯後果」的運用理論。「自然後果」就是指行為本身所帶來的結果，此結果是沒有經過家長安排的。例如不吃飯，感到肚餓，肚餓就是不吃飯的自然後果。自然後果可以令孩子自己取得教訓，改善行為。「邏輯後果」是指一個經家長安排附加在孩子行為之後的結果，而此結果必須先被孩子了解接受，並與不良行為有所關聯。例如孩子跑出馬路，孩子便需要被家長牽着手走餘下的路程。邏輯後果的目

的是引導孩子逐漸學會自我負責的行為。

　　簡單來説，讓孩子承擔自然後果就是不介入，讓孩子自食其果。這看似簡單，但在實際運用時，家長都需要衝破大大小小的心理關口。很多家長都不忍心孩子面對自然後果，害怕他們會因此而受到任何傷害。例如家長明知孩子會因不做功課而被老師留堂，正好是讓孩子汲取教訓，可是一些家長又往往會認為孩子上了整天的課已經很累，不忍心他們再被留堂。又例如孩子因不願意穿衣服而病倒，有些家長會認為孩子生病太難受，不忍心讓他們感到不適。

　　比起支持孩子從錯誤中學習，更多家長傾向直接阻止孩子犯錯，用懲罰威嚇他們去改變行為。家長要知道，當孩子要面對自然後果時，他們其實在學習對自己的行為負責的同時，也在學習處理錯誤帶來的負面情緒。家長的「少做」也許比「多做」難，但「少做」可以比「多做」更為有效。當然，自然後果也不是常常適用的，當自然後果會危及孩子或他人安危時或當自然後果需要長時間形成時，邏輯後果便更為合適。

父母篇

需要陪着孩子做功課嗎？

程思齊博士
臨床心理學家

　　最近認識了一位家長，她不斷向我訴苦，她告訴我她每天都陪着孩子做功課，希望能立刻指出孩子的問題，給予即時輔導，以培養孩子良好的讀書習慣。可惜，她發覺每天孩子做功課時，總是弄得雞犬不寧，生死相搏似的，她越是給孩子指導，孩子就越是反抗，成績也越見退步。

　　其實很多時候，家長陪着孩子做功課都會變得弄巧成拙，不但對孩子學習起不到有效作用，還讓孩子產生壓迫感及依賴行為。到底問題出在哪裏呢？

　　香港的教育制度其實十分重視對學生成績的考核，家長往往會過份緊張孩子的學業成績，不自覺地容易變得欠缺耐性，甚至情緒失控。每當看見孩子在學習上犯下大意錯誤時，家長都會非常生氣，用一副恨鐵不成鋼的表情指責孩子不夠認真。當孩子長時間地不斷被指責時，他們便會慢慢陷入了失去自信的心態中，繼而變得抗拒做功課和學習。此外，當家長習慣性

地陪着孩子做功課，一看見小問題就立即指出，孩子久而久之便會認為學習是他們與家長的共同工作，稍為難一點的題目都說不會，只等待着家長的講解及答案。這樣的反應不但使他們可以避免因犯錯而被罵，亦可以省卻一點腦力。最後，孩子只會變得依賴別人，不再願意主動思考和解難。

其實家長最需要教導孩子的並不是功課的答案，而是學習的方法及態度。孩子在做功課的時候，家長並不宜坐在孩子旁邊指指點點，家長可與孩子協議時間上的安排，讓孩子明白做功課與玩耍的先後次序，以訓練孩子時間管理。完成功課後，家長可以回到孩子身邊，並了解孩子遇到的困難，再加以指導，引導他們找出方法自己解決問題。當發現孩子犯了大意錯誤時，家長可教導孩子如何審題及檢查答案，鼓勵孩子養成認真的學習態度。事實上，幫助孩子養成自主學習的習慣才是最重要。

父母篇

我的孩子特別懶惰嗎？

程思齊博士
臨床心理學家

　　很多時家長常會有這樣的疑問：為甚麼我的孩子往往會在還沒有嘗試之前就放棄呢？為甚麼他們還沒有開始溫習就已經堅定的確信自己在考試時一定不會取得好成績呢？是自己的孩子特別懶惰嗎？

　　美國心理學家塞利格曼等專家曾做了一項實驗。他們最初把接受實驗的狗困在一個通電的籠子裏，當信號音一響，便給以電擊。狗一開始會嘗試反抗，但由於一次又一次的沒法掙脫，便逐漸變為不再逃跑。之後，他們把狗放到另一個籠子裏，這個籠子中間由一個很矮的柵欄分成兩邊，一邊通電，另一邊則沒有通電。當信號音一響，本來可以輕易逃離電擊的狗卻並沒有採取行動。相反，牠只倒伏在地上，痛苦呻吟。這現象就是「習慣性無助」。

　　事實上，孩子沒有鬥志，不願意嘗試，並不一定是想着偷懶。他們很可能是已經陷入了「習慣性無助」的心態中。當

孩子於同一事情上遇上多次失敗時，他們便會認為自己不可能把該事情做好，並不自覺地放棄再次嘗試。例如當家長要求小孩每次默書都必須拿到高分，而小孩努力嘗試了幾次都未達標時，小孩內心便會認定他們不可能取得好成績。在面對以後的默書甚至其他的測驗或考試時，他們便不再願意用功溫習，爭取好成績。

如果想要幫助孩子遠離絕望，恢復鬥心，家長需要幫助孩子作出調整和訂立合適的目標；並協助他們學會理性地找出成功和失敗的正確原因。簡單來說，家長要了解孩子的能力，為他們建立可行的目標，而這些目標必須清晰及可量度。當然，目標可附加少許具挑戰性的成份，以提高孩子的滿足感，也應確保能讓孩子明白如何為之達標。舉例來說，家長可因應孩子的能力把默書取得好成績訂立為不寫錯多於一定數目的生字。此外，家長要讓孩子明白失敗也許是任務難度太高或其他外在不可控制的因素造成，只屬個別情況，只要願意繼續嘗試，用了合適的方法，下一次便可以改變結果。

父母篇

因應子女考試　家長勿逼得太緊

曾媚
精神健康綜合社區中心註冊社工

每逢考試季節，不少家長如臨大敵，已經為子女安排好溫習計劃。有些雙職父母甚至已經請假，準備留在家教導子女溫習以應付考試。有家長甚至互相傾訴：「兒女考試，我比自己考試還更緊張。」有些更掛慮至失眠，或者陪伴溫習時容易因為子女的表現而情緒起伏、煩躁不安。

家長對子女的愛護及付出是毋容置疑的，但過份在意或者試圖催谷，除了令自己焦慮不安之外，亦可能導致反效果，令子女出現消極行為，例如故意拖慢進度、魂遊太虛、缺乏動力，甚至因壓力而出現身心反應例如尿頻、肚痛的情況。如果子女出現這些情況，家長可能要檢視一下，看自己是否施予過大壓力。可以的話，盡量克制自己對子女的過份要求，體諒每個人都有其限制。

家長如果陪伴子女溫習時，感覺到自己有負面情緒，例如

對於子女「牛皮燈籠」的反應或拒絕溫習的行為感到氣憤或擔憂時，便要小心留意。其實這個時候最好是適應地給彼此多一點空間，例如可以先讓子女自行溫習，自己離開現場一會兒以平復情緒；每溫習一段時間，亦應當暫時休息，讓子女不會感覺被過度「催谷」；趁休息的時間可陪伴子女做些他們有興趣又有益身心的活動，例如散步、喝下午茶等，如果可「逸勞結合」，效果會更為理想。

此外，家長適宜對子女的能力及表現作客觀的分析，調節對子女成績的期望。協助安排溫習計劃時，宜與子女一起規劃，並且考慮他們的興趣、強項及弱項，按照實際情況及限制，定立可行的計劃。家長並可以不時主動地讚賞子女的潛能及其良好的表現，增強他們的自信心。

如果家長覺得自己未能掌握管教方法，或者子女學業出現很大困難，可以考慮向社工或老師求助。家長須謹記，孩子們終要自己面對他們的人生，最重要的是培養子女的自學能力。隨着子女成長，可以讓他們有更多獨立空間發展及面對挑戰，而且適當的放手，可以讓他們更有承擔，培養自立能力。

如何協助子女面對「未知」

程思齊博士
臨床心理學家

又到 DSE 放榜的時候，無論考試成績是否理想，大部份學生都要面對「未知」所帶來的焦慮及不安。成績較理想的或會擔心自己能不能順利入讀心儀的大學及學科，而成績不太理想的更是擔心前路及人生。

「未知」帶給我們的不安很多時比已知的痛苦更難面對。在子女面對「未知」時，家長其實可以從旁協助，減低子女的不安及焦慮。家長可試着從以下幾點入手：

（一）先做好心理準備，再與子女一同面對

許多家長都會對子女抱有一定的期望，希望他們能夠在學業上取得成就。若然子女成績未如理想時，心裏總會有點負面情緒，例如生氣、失望或不知所措等等。要避免給子女帶來更多焦慮或不安，家長應先調整自己的情緒及期望，提醒自己以平常心面對子女的成績。當得知子女成績未如理想時，家長可

先認同子女的感受，讓他們感覺到父母重視他們的感受多於他們的成績，並明白父母無論如何都會支持他們。

（二）嘗試了解子女的不安及焦慮，再與子女探討最壞的可能性及出路

很多人在面對困難及壓力時，都會陷入「災難化」的思維模式，令自己產生更多負面情緒。學生或會認為考試成績未如理想就不會再有任何升學機會，亦不能找到喜歡的工作，前途盡毀，人生再沒意義。家長可以較為正面的態度與子女分享，並嘗試一起探討可行的選擇及出路。當然，如家長感到有困難或需要時，亦可陪同子女諮詢學校及相關支援機構的意見。事實上，學業成績絕不能決定個人一生的成敗，DSE 成績未如理想的最壞打算也許就是重讀、重考、找工作等等。路可能會比較迂迴曲折，但路一定仍在。

（三）鼓勵子女放眼未來，敢於作出不同的嘗試

面對「未知」或多或少會帶給我們不安的感覺，但「未知」卻並非是不可收拾的洪水猛獸。家長可以引導孩子明白「未知」好比人生中的考驗，只要我們能抱積極的態度，敢於

父母篇

挑戰「未知」，便有機會得到意想不到的成果。家長要讓子女明白學習並不是為了一張證書，而是為了裝備自己。家長應鼓勵子女放眼未來，發掘更多學業以外的可能性，多接觸不同的事物及學習不同的技能。只要敢於作出不同的嘗試，自然可找到自己真正的興趣及發展自己的專長。

（四）與子女分享自己面對「未知」的經驗

父母是子女重要的學習榜樣。家長不妨與子女分享自己面對「未知」的經驗，讓子女體會到「未知」是人生必經歷的事情，他們並不是孤軍作戰的一個。透過父母的分享，子女亦會明白自己的不知所措是正常的，並學習到如何正面面對不安及焦慮，調整自己的心態，繼續從不同的途徑向目標進發。

（五）細心觀察子女的情緒及行為，及時向專業人士求助

家長應多花時間觀察子女情緒及行為的變化。如發現子女有任何不尋常的表現，例如情緒不穩定，自責及內疚，失去本來的興趣，食慾及睡眠受影響，應及時向專業人士，例如學校社工，家庭醫生或臨床心理學家等查詢及求助。

最後，我祝各位家長的子女都能找到自己的目標，並努力向着自己的目標進發！

子女留學與否　視乎性格志向

曾媚
精神健康綜合社區中心註冊社工

近年香港再次興起送子女往外地留學的熱潮。某日，我們部門幾位社工同事在午餐時談起，發現原來大家各自都遇過青少年親友或處理過青少年個案，是因去外國留學後無法適應，出現情緒問題，嚴重者甚至出現精神疾病，要回港求醫。於是，我們整頓飯都在討論，到底青少年在甚麼情況下較適合考慮海外升學呢？

撇開外在因素，例如家庭狀況、經濟情況及教育制度等，單從青少年的個人出發，家庭成員在為他們作海外升學的重大決定之前，實在適宜先好好評估及考慮他們的年齡、性格、志向、適應力及家庭可以提供甚麼支援，並聽取青少年自己的意見。

獨自遠赴海外，即使是成年人，也不容易面對及處理各種狀態，更何況是孩子？他們要面對包括語言、學業要求、作息安排、社交壓力、文化衝突等巨大轉變，不是單靠父母一兩句

鼓勵，叫他們調整心態、努力適應，就可以解決到的。不難想像，在香港讀書時已表現性格內向、不喜歡轉變的小孩，去到外地的心理衝擊有多大、無助無望的感受有多深，嚴重者更會覺得自己被家人拋棄。有些家庭以為只要父或母其中一方陪同前往海外升學，就無後顧之憂，但其實父母都有自己的適應問題，並且也無法 24 小時全天候陪伴孩子，孩子始終要面對生活轉變所帶來的壓力。

因此，家庭成員作出決定前，最好以子女性格、志向及感受為先，好好了解子女對留學的態度及看法，不是抱着「我是為你前途着想！」的想法，就要孩子面對如此巨變。當然，也有許多青少年有清晰志向及喜好，知道自己較喜歡外國教育制度及方式、較獨立自主或喜歡外國文化，他們很明顯會較易適應留學生涯；亦有些即使不太清楚自己志向，但適應力較強、較為外向，適應過程中雖然有困難，也會找方法排解或求助，最終能如魚得水地學習及生活。

坊間有些性格測評，可以協助評估學生的個性，家長可以推測到子女的優勢和劣勢。若決定了讓子女在外求學，就應當提供最多支援，例如盡早並具體地讓他們知道，遇到不同範疇的問題時可以尋求幫助的方法及途徑，包括當地警方、領事

父母篇

館、當地親友聯絡、教會或其他支持團體，及早建立並保持聯繫；而子女在香港的社交網絡也要盡量保持，以便他們有情緒壓力時，能隨時向香港親友傾訴。

想要不等如需要
使錢勿使未來錢

黃南輝
前社區教育部教育主任

近年香港的經濟狀況不錯，財富效應令市民敢於及樂於消費，不過一些調查顯示其不少消費行為都屬於不當的消費，而不當消費的問題已由成人蔓延至青少年一族，情況令人憂慮。

所謂不當的消費是指：

一、過度消費：為了滿足個人享受及擁有奢華物品的慾望，在財政上超越個人負擔能力的消費行為（例如透過不斷申請信用卡以維持消費，「以卡養卡」）。

二、感性消費：重視個人感受（例如覺得淘寶網內有關商品很便宜）而非考慮商品實用性的消費行為。

三、炫耀性消費：藉消費炫耀個人品味、財富和獨特個性，冀盼因此而得到別人的注意、欣羨或讚譽（例如購買一些名牌的商品）。

父母篇

造成青少年不當消費的原因很多，相信包括社會的日益富裕、消費主義盛行、家長忽略/縱容、個人自制力不足、自我形象扭曲以及朋輩影響等因素交互影響所導致的。一旦青少年養成不當消費的習慣，不但會對他們的成長及發展造成障礙，並會引發相當嚴重的後果（例如為了在短時間內獲得金錢而以身試法）。

　　要處理青少年不當消費的問題，需要從多方面入手。首先，父母應以身作則，審慎地消費及理財，例如過較為簡樸的生活及盡量避免「先使未來錢」。此外，亦應教導子女正確的消費及理財原則，例如消費時須衡量個人消費能力，不要因為借貸手續簡易而隨便舉債，要分辨意欲購買的物品是「需要」還是「想要」，避免購買只是想要而非需要的商品。

　　在準備購買任何商品前，家長可鼓勵子女思考是否有其他避免購買新商品的方法，例如向朋友借用，找尋代替品或修理舊有的物品。在獎勵子女的良好表現時，亦不應流於物質化（例如致送名牌手機或衣服）而以其他有意義的活動取代（例如支持他發展有益的興趣或運動）。

　　家長可以留意青少年的購物情況，如發現他們購買大量超出他們經濟負擔能力的物品時，定要關注及處理，以防他們購

物成癮或過度借貸。近年網上購物成為青少年主流購物方式之一，網上購物成癮的個案亦屢見不鮮，父母或青少年的照顧者宜多些關注青少年網上購物的情況。由於青少年往往通過炫耀性消費來獲得個人滿足感和朋輩認同，學校和社會可通過發展青少年多方面興趣，改變這種錯誤觀念。學校和社區可舉辦更多體育和藝術活動，鼓勵青少年積極參與，令青少年在這些有益的活動中，獲得滿足感和朋輩支持。

父母篇

如何與
子女溝通

同理心——感同身受破溝通難關

余利玉
精神健康綜合社區中心註冊社工

　　我曾為不少教師提供有關青少年精神健康的培訓工作，每當談到一個主題「同理心」時，我發現不少教師都認為較難掌握與運用。

　　在我與學生接觸的經驗中，問到學生有困難時，為甚麼不主動找老師或家長幫忙，不少學生都擔心不被了解及明白，故此寧選擇不與他們傾談！因此，要幫助有情緒困擾的學生，與他們建立信任的關係是非常重要，而「同理心」在這方面發揮了極其重要的作用。在溝通時表現出同理心，青少年才會感受到你明白及了解他，因而願意傾訴。這樣我們才有機會了解他們的困難，協助舒緩情緒並提供協助。

　　甚麼是「同理心」？同理心其實是指設身處地、將心比己、對對方的問題身同感受。簡單來說，就是能夠從對方的角度去看問題或是能感受對方的感受。不少人覺得難以達到同理心，因為生活經驗及價值觀的不同。故此在與人溝通時，很容易從自己的立場去理解或分析問題。結果談不上兩句，很快就對問

題作出判斷或給予建議，例如「你對自己太高期望」、「你不應該這樣想」或是「大家考試都有壓力」。結果當然是令對方關上話匣子，甚或引起爭執，不歡而散！

如何才能展現同理心？首先必須要聆聽，了解對方的問題及整件事對他的影響。問題可以包括：「發生了何事」或是「你可唔可以講多些給我聽？」掌握多些資料，才能較準確地理解對方的感受。如談話中知道對方有擔心的情緒，我們可以將對方的感受反映出來，例如「我聽到你好似都幾擔心」，當對方知道你了解他的感受，因此會繼續對話。我們在溝通時可以運用多些與情緒有關的詞彙，例如正面的情緒包括高興、興奮、滿足或是平靜等。負面的情緒如緊張、失望、憤怒、悲傷、不安或是不滿等。

有時候，當我們不太理解對方的感受時，可以不妨再仔細聆聽。當對方表達了一段內容後，你亦可以簡單總結他的內容或將他某些說話簡述，例如「你這段時間的壓力很大」或「溫習之後，你很容易忘記內容」，這樣會令對方覺得你有留心聽他說話，有助建立關係！

由於經驗不同，我們未必可以做到身同感受。但有時候我們會很簡單地回應「我明白你的感受」，這有可能會令對方憤怒或作出反駁，例如「你又不是我，你根本不明白我的感受」。

父母篇

因此盡可能不要這樣說，可以轉化為「我聽到你很悲傷」或是「從你的說話中，我感受到你有些憤怒」等說法較為有效。

　　總括來說，同理心是一個基礎，可以讓我們與對方建立信任的關係，從而有機會提供協助及處理對方的問題！ 要做到同理心，請記住要多從對方的角度去看問題，了解對方的處境。並放下個人的價值判斷，嘗試將心比己，身同感受去了解對方！

非批判性聆聽

余利玉
精神健康綜合社區中心註冊社工

身為家長，不知你會否對以下這一幕感到很熟悉：女兒放學回家放下書包，你看見她無精打采，於是關心地問她發生了何事。她卻不大理睬，你越問越多，她仍不理你，於是你覺得不被尊重及開始感到煩躁。於是你批評她沒有禮貌，結果越說越生氣，而她卻依然表現冷漠或者開始與你不斷爭辯。你原本的關心和好意結果變成說教，甚至演變成親子間的戰爭，這實在十分可惜！若然我們懂得「非批判性聆聽」的技巧，則可以避免發生上面這些問題！

所謂「非批判性聆聽」，指我們與人談話時的聆聽及回應技巧。過程中不作批評、判斷或質疑，全心全意聆聽對方的言語及感受，清楚明白對方所傳遞的信息。要做到非批判性聆聽，首先談話之前要作好了適當的心理準備，這可是之後順利對話的基石。

適當的心理準備包括：放下工作或生活上瑣事困擾，保持

父母篇

或調校至平和的心境，讓自己專心一意與對方傾談，避免因對方的回應而令自己情緒失控。假如上述那位家長在事前有適當的心理準備，相信與子女的談話便不會發展至衝突的局面。

要學習「非批判性聆聽」，首先要知道何謂「批判性聆聽」。「批判性聆聽」並不單指批評對方的說話，一些為人熟悉的安撫性說話也可能是批判性聆聽，例如：「你唔好畀咁大壓力自己」、「你別想這麼多」、「你要放鬆些」、「冇事嘅」、「唔好自己攞來擔心」等。大部份時候這些話都無法真正安慰對方。這是因為我們很多時候未明白對方的情況，過快為對方的處境下判斷，結果反而會令對方覺得你並不了解事情，就輕易或草率下判斷，從而減低了與你繼續對話的動機。

出現這些情況，可能是因為我們急着想安慰對方，希望令對方從正面角度看問題，或令對方的情緒快點好轉。有時候甚至在對方只說了幾句話後，就急不及待地回應，忽略了與人溝通時需要耐性及細心。沒有全面了解事情，結果未能幫助對方處理困擾。

當我們與青少年溝通時，尤其想聆聽他們的心底話時，切忌過早下判斷，質疑他們的觀點或者過快給予建議。因為他們較為敏感，需要別人較多的認同及支持！所以對話時，我們

應先了解問題所在，對事件有全面了解後，才再提供適切的意見。

有時候正面支持的話也可能是「批判性聆聽」。日常生活當中，我們常會聽到「努力、加油」或「我支持你！」等的安慰話語。這些話聽起來很具鼓勵性，但曾受情緒困擾的青少年表示，這些話對舒緩他們的情緒實質幫助並不大！當身邊人面對情緒困擾，我相信大家都很想回應、鼓勵及支持對方，但往往不知說甚麼才對，於是便道出上述般的句子，以為是向對方表達了支持，結果卻效用不大，特別是有些青少年本來已經對自己要求極高，這些「努力、加油」可能會令他們的壓力再次提升。

到底如何聆聽和回應才較有效呢？相信這是大家最想了解的內容。我覺得有以下幾個重點：首先我們可以鼓勵對方多談一些，了解事件的來龍去脈及前因後果。當中要了解對方的感受及對方如何看待事件，過程中要有同理心（上一篇章已述）。接着再了解他們的支援網絡，如有否找人傾訴，或曾用過何方法去處理問題。當然你也要弄清楚，他們跟你傾訴的目的是想舒緩情緒，還是想尋求建議。

當我們能夠掌握多些以上的資料，便會較知道對方需要的

父母篇

是甚麼，同時也清楚如何提供建議比較合適！事實上，我們發現當不少人找人傾訴困擾時，他可能需要的是別人的認同或希望抒發情緒，並不是想要實質的建議或幫助！

在非批判性聆聽的過程中，我們切忌急着説話、打斷對方的話柄。這會令對方覺得不被尊重及接納。應細心聆聽，讓對方可以自然舒服地表達自己的狀況。我們可以偶然回應或問一兩句，以掌握更多的資料，一些例子包括：「嗯……嗯」、「哦，原來是這樣」、「難怪你覺得不開心」、「你希望事情如何發展？」、「你可以告訴我多些嗎」、「你怎樣看這件事」、「你的意思是……，對不對？」等，這些話也有助延伸內容或開展話題。

傾談的過程中，有時難免會誤解對方的意思。在這樣的情況下，對方有時可能會對你表示不滿，他們或會這樣表達「你都唔明白我」或「我唔想同你傾啦」。不少處於困擾的青少年在與父母師長對話時，可能會宣洩不滿或憤怒情緒。這時候，我希望各位盡量保持心平氣和，讓對方説出自己的看法，不要急着辯解或反駁。與人溝通有時面對最大的挑戰，就是如何在被人批評或攻擊的時候，仍能以坦然平和的心態去面對。故此，我更加覺得與人溝通前的心理準備十分重要！當中包括提

醒自己，即使在對話的過程中會出現負面的情緒，也要保持平和的心態與對方溝通，避免因情緒而出現批判性聆聽。

　　總括來說，文章所談及的「非批判性聆聽」包括了聆聽及回應技巧，溝通前良好的心理準備，對談時要細心有耐性、過程中不批評、不要質疑及不要過早地提供建議。鼓勵對方多說話及多表達感受，並以同理心去了解對方的說話內容，以及其中所表達的需要及感受。當有較全面的了解後，再提供適切的建議！

父母篇

積極聆聽

曾媚
精神健康綜合社區中心註冊社工

學習不同的溝通技巧，促進人際關係，實在是學不完的「功課」。今次向大家介紹另一種溝通技巧，「積極聆聽」（Active Listening）。

相信無論作為家長或老師，我們都很希望了解子女或學生的感受、需要和思想，但有時候感慨代溝太深，無法明白新一代的思想，甚至無法順利地傾談。特別是子女在青春期，家人聚在一起時，已習慣主導的父母，憑自己的經驗或信念不停說教，希望表達對子女的關心，而子女卻默默無言，有時甚至無故頂撞，令人頭痛。

有些家長急於向子女表示關懷，出自於一片愛心，卻忘記對方是獨立個體，也有自己的想法和感受。我們若只顧着一股腦兒灌輸自己的想法，卻閉上耳朵和眼睛，沒有體會子女的感受，會導致子女最初或有意欲表達，卻因感受不到父母願意聆聽，而變得沉默甚或不滿。

這個時候，家長可考慮學習「積極聆聽」。甚麼是「積極聆聽」？這是一種溝通技巧，包含的不止是細心傾聽，還要專注、具同理心和合適的回應，方可促進了解和溝通。積極聆聽的技巧包括：不要一直思考要說甚麼話或提問，而是學習專注地聆聽子女心聲。

　　須留意子女說話時的表情、反應、態度或小動作，嘗試感受其弦外之音。並且嘗試用諒解的語氣，反映子女已表達的感受，鼓勵他／她繼續傾訴。例如：「聽你剛才說，你覺得最氣憤的事是不能單獨和同學去街。」「你常常要去補習社，覺得時間表排得過密，感受到很大壓力。」

　　還可以學習簡單地複述對方說話的重點，嘗試作小結或者反問，以整理所聽見的內容。例如：「綜合剛才你所舉的例子，你覺得自己已經長大了，很希望有獨處空間。是嗎？」

　　積極聆聽可以鼓勵對方積極表達，也讓家長可以有更大空間了解子女。家長要記得自制不要說話過多，重點是聆聽，讓子女表達內心的真正感受。

父母篇

「信任」與「希望」
——陪伴年輕人跨越困擾

黃玉癸
前香港心理衛生會總主任（服務）

　　青少年自殺問題，一直都是很受社會人士關注的課題！雖然自殺是一個很複雜的問題，每個人的理由都不一樣的，但每一個生命都是那麼寶貴，因此很想與大家分享作為身邊人，也可以出一分力，協助年輕人面對困難時候。

　　我們經常問，為甚麼他們要尋死？當事人一般都是有所困擾、感到絕望而萌出輕生的想法。在這段時間，給予當事人「希望」的信息是很重要的，讓他覺得所面對的逆境、困擾是有方法可以處理的。受着負面情緒籠罩，有困擾的人的想法往往是在負面裏「鑽」，不會覺得有解決方法；只要有人否定他所想的，他就認為沒有其他途徑可以處理。就好似當事人認為考試不合格就是絕路，補考、重考就是不可行；爸媽的責罵也會被當事人演繹成爸媽不愛他，自己是不受歡迎的。這種思考方法確實難以即時扭轉，還會令受困擾的年輕人變得絕望、失落。面對這情景，身邊人可以從他的行為、情緒中找出希望、

正面的痕跡而予以肯定，而不是不停提供其他方法。舉一個例子，當一位年輕人表示父母經常罵他懶、成績差，他覺得令父母蒙羞，你對他說「努力、加油、或父母不會這樣想」等看似正面鼓勵的說話其實是沒有多大效用的。可以試試說肯定他懂得體諒父母被蒙羞的感覺，而且鼓勵他多說其感覺、想法，在當中為他尋找希望之門會更有效。我們要給予的，是他自己覺得可行的「希望」，並不是你對他的「希望」。

要受困擾的人接納你的勸解，平時的「灌溉」是不可少，這就是如何讓青少年「信任」！年輕人很重視信任的關係。幫助年輕人走過困擾，要建立彼此信任是非常重要的，有信任，當事人才會接納你所建議的希望信息。如何建立信任？這就離不開「有耐性及沒有批評的聆聽」。鼓勵他說出感受，表示接納而不是否定他的想法；批評他的想法愚蠢，不考慮其他人的感受雖然不是錯，但這些說話內包含價值判斷，當事人就會覺得不被接納而關掉他的耳朵，接着無論你所說有多少道理也沒用了。反之如當事人信任你，就可以為他帶來「希望」，因為至少當事人覺得還有你可以與他共渡難關。

香港社會需要建立信任，重燃希望，我們的年輕人，特別是面對困擾的年輕人，更加需要身邊人的信任，才能為他們跨越重重困難，積極面對生命！

父母篇

有效溝通三步曲 讓好奇心打開心窗

梁凱怡
社區教育部教育主任

　　新學年開始，莘莘學子又要收拾心情上課。回想當年開課前的暑假，我也為新學年作了一些準備。備妥新年級的課本、添置所需文具，那陣子的書局，總是擠滿家長與學生。

　　在剛過去的暑假，我在書局裏「打書釘」時，遇上了一位家長帶着孩子在選購文具。家長詢問孩子需否購買文具，孩子想了一想後回應：「我要買一支原子筆」，一邊把原子筆拿到手上。這時家長將聲量提高並說：「又買原子筆?! 你在幾天前已經買了兩支，用得這麼快！你是把筆都吞進肚裏嗎？」孩子沒說甚麼，把筆放下便走開了。如果你們是這位孩子，你們會有怎樣的感受呢？

　　我們每日接收的回應、觀察到的事物，在腦海中都會即時作出評價，如果這些評價具批判性、帶負面意思，很可能會阻礙我們與人進行良好的溝通，導致關係變得緊張或出現摩擦。

　　每個人的思考模式是從小開始建立的，有些人想法偏向正面樂

觀，有些人容易作出負面判斷。雖然每個人也有既定的思考習慣，但透過後天的訓練與恆常練習，也可以掌握一些新技巧。

第一步：當發現腦海中出現批判別人的想法時，先停一停、壓下即時的衝動，先忍一忍口。當人正在怒髮衝冠時，最容易說出破壞雙方關係的說話，例如：「邊有人好似你咁蠢」或「生舊叉燒好過生你」，說了出口的傷人說話即使事後後悔也覆水難收。當然不可能將孩子吞進肚裏，但為了宣洩自己的情緒，所以忍不住把話說出口了。這個時候，要想方法幫自己降溫，在書店裏繞一圈也好，深呼吸一下也罷，先控制自己的將要爆發的憤怒情緒。

第二步：為事情想出多個可能性。孩子又買原子筆，有甚麼可能的原因？遺失了、借給同學了、希望買另一種顏色的原子筆、老師要求買一定的數量……腦袋思考不同的可能性也會為人帶來不同的情緒，避免只集中於某一個令自己造成困擾與壓力的角度，多想想各種可能原因。

第三步：保持懇切與好奇的心，以非批判性聆聽的方法作出了解。「之前已經買了兩支原子筆，是不足夠嗎？」「為何只買原子筆？沒其他文具需要嗎？」小朋友擁有強烈的好奇心，但隨着成長，好奇心開始磨滅，慢慢變得習以為常。你有否聽過小孩問「點解雲識得飄？」「點解人唔識飛？」與人溝通時，不妨先放下質疑與批判的態度，讓大家更樂於投入到令人愉悅的對話中。

父母篇

溝通由我們的「廢話」開始

區敏怡
前社區教育部教育主任

人人都説，人與人之間的溝通是一門學問，但在成長的過程，似乎沒有人真正教導我們。有説溝通應該是與生俱來的，但卻又稱是門學問，為甚麼就有這樣的矛盾？相信你常常聽到以下對話：

情景 1：午飯時間過後，同學問：「你食咗飯未呀？」「食咗喇，你呢？」「都食咗喇。」然後對話結束。

情景 2：與「半生熟」的同學到車站：「呢幾日凍咗好多呀嗱？」「係囉，比之前真係凍咗好多」然後對話又結束。

年少的我心裏會暗笑那些人的對話沒有內涵；長大後又會想他們尷尬得要擠出無聊的問與答很可悲。而正正有些人也深刻地感覺這些狀況，最後就想：既然是廢話，不如不説。可悲的是，社會多一個「不如不説」的人，人與人的溝通便會減少，整個社會的氣氛也因此變得冷漠。

我們知道溝通的重要，但要有好的溝通必須調整「一步登

天」的心態，因為深入的溝通要建基於良好的關係，良好的關係需要依賴不斷累積正面而自然的對話。要突破以上情景的狀況，筆者想分享三點：

1. 以「廢話」打開話匣子

對話於自己或於對方都是需要循序漸進的，試着以環境、天氣和身體作為對話的開始，因為這些是誰都能搭上腔的內容，例如：

「今日天氣凍咗好多呀，你着得夠唔夠暖呀？」

2. 承接「廢話」持續對話

既然對話已經開啟，我們需要有意識承接對話，切忌如上述情景般成為對話的終結者，鼓勵大家在回應時加入一些個人的生活分享，或提出開放式的問題，延續對話，例如：

「夠暖呀，啱啱換咗季拎返啲厚衫出嚟喇，不過唔轉季都唔知自己咁多衫，都未諗到點執，而家仲堆住喺床嘅角落，搞到我屋企人日日都催我執嘢。」

3. 聆聽及回應所需，開放機會延伸對話

要繼續話題，我們都需要開放自己，樂於分享自己的情

父母篇

況，亦可以提供一些建議或實際幫助：

「睇嚟整理物品令你好煩惱喎，其實我都幾鍾意定期整理自己既野，你可以講下我知最困難係咩地方，有需要的話，我都可以分享啲方法畀你，睇下你是否有用。」

其實，溝通的確是與生俱來，但同樣是門學問需要學習，我們從牙牙學語的時期已渴望溝通，可惜往往成長中有些不好的對話經驗，讓我們對溝通慢慢卻步。為了讓彼此都得到良好的溝通經驗，希望從今天起，由我們的「廢話」開展對話，並且學習承接別人的話，拒絕成為話題的終結者。

善用社交媒體　促進親子溝通

程志剛
香港心理衞生會總幹事

　　香港科技發達，社交媒體與市民生活息息相關，一般人幾乎離不開手機和電腦，忙於工作或照顧家庭的家長也不例外。香港心理衞生會與香港城市大學專業進修學院社會及人文學部講師孫玉傑先生進行的調查發現，12% 受訪家長每日餘暇時使用社交媒體超過 6 小時；14% 受訪者會因而減少與家人直接交談的比例達四成或以上；更有約兩成受訪者的家人休閒在家時，會各自使用社交媒體與其他人聯繫，相應減少了與家人直接溝通的時間。

　　研究發現，36% 受訪者認為使用社交媒體與他人聯繫，為人際關係帶來負面的影響，並且認為「面對面社交支援」比「網絡媒體社交支援」對精神健康更為重要。

　　調查嘗試了解受訪者的主觀壓力感，發現約 15% 受訪家長的主觀壓力感處於「極高」水平；而近半被視為家庭功能不理想的群組，比例不低；研究更發現，「使用社交媒體佔用時

父母篇

的時間」越多及「因使用社交媒體而減少與家人直接交談的比例」越高，則其家庭功能越差，似乎使用社交媒體的多寡可能直接影響家庭功能。

調查又發現，「精神健康」、「家庭功能」、「整體壓力感」及「減少與家人直接交談比例」的相關性比較強。家庭功能與精神健康的關係數頗高，即是說家庭功能的好壞，可能直接影響個人的精神狀態。

社交媒體並非洪水猛獸，始終是促進人際溝通的媒介，筆者認為不需要棄用或禁用。但是，家長可以積極檢視自己有否因使用社交媒體影響家庭關係，嘗試平衡自己的生活，為子女建立良好的榜樣，並更有效維繫家庭關係。此外，家長平日可刻意以面對面或電話傾談方式，與親友聯繫，又可多舉辦親子活動如茶敘、旅行及郊遊等，促進家庭關係。

政府、社福機構及學校可協助強化家庭功能，例如社福機構及學校可加大力度推動家庭生活教育；政府則應制定更全面以家庭為本的社會服務政策，使社會在相關教育、社會保障、社會服務及醫療等資源更配合；並由政府帶動，鼓勵僱主制定家庭友善政策，並加快檢視標準工時，促進家庭作為個人支援系統的功能。此外，政府及各團體亦可推廣精神健康教育，使

各界專業人士更有效地處理家庭和青少年的精神健康問題。

要令家庭擁有精神健康，筆者向來有四個「小錦囊」——談、笑、用、兵，在此和大家分享：

談——家庭成員間宜多學習正面的溝通，習慣多分享和鼓勵，少責備和埋怨。

笑——家庭成員間應多利用直接交流感情的機會，歡笑以外更要能表達對彼此的關注和重視，並能互相表達個人的擔憂和不快時的感受。

用——家庭成員應多利用社區資源，例如使用家庭綜合服務中心及精神健康綜合社區中心的服務，以促進親子關係和認識精神健康的知識。

兵——家庭遇到危機時應懂得請救兵支援，切勿延誤向專業人士或社工求助，使問題於惡化前及早得到緩解。

促進家人彼此直接溝通和互動，能夠強化家庭功能，甚至有助個人的精神健康。從今天起，善用社交媒體、多作直接溝通，相信對你與你家人的精神健康都會有所幫助！

讓我知道你在想甚麼
——「依附關係」

胡國榮
臨床心理學家

　　在一次乘坐港鐵的過程中，看見這樣的一件事發生：當時我站在近車門的位置，發覺車廂的另一邊靠近車門的地方傳來一個小孩子的嘈吵聲，稍微看過去，發現原來是一個小男孩，約是幼稚園階段的年齡，跟着一位外籍傭工一起。那個男孩子似乎很不高興，表現得越來越不耐煩，嘈吵聲越來越大，但那位傭工似乎沒有太多的理會，她跟那個小孩講了幾句說話，然後就繼續專注在自己的智能手機，但他仍然不滿。

　　在這情況下，那男孩當然不會罷休，他的嘈吵聲越來越大，甚至哭起來，雙手開始拍打傭工的腳，情緒顯得有點失控；但那傭工好像見怪不怪，只是嘗試用她的手撥開他，繼續專注地玩手機。這樣下去，情況當然只會越來越差——「扭計聲」、嘈吵聲、哭啼聲不絕，頓時令整個車廂瀰漫着緊張的氣氛。

我相信這些並不是甚麼罕見的事情，問題是如何處理及收拾其局面。讓我們想一想——如果自己的小孩子有「扭計」、鬧情緒、啼哭的情況，我們又會如何反應？或者，我們猜一猜那位傭工結果做了些甚麼去收拾殘局？

結果是：那傭工用了一個相當「有效的方法」去處理那小男孩的情緒——當列車到達下一站，車門開了，那傭工立時離開車廂，小男孩完全沒有心理準備，當然他也即時衝出車廂，快快跟着她；剎那間，她又返回車廂，自然他亦迅速走回車廂；那刻，那小男孩驚魂未定，唯一要做的就是抱緊她的腳，恐怕再次失去她，跟着，甚麼的扭計聲、嘈吵聲、哭啼聲再聽不到了。結果，那傭工繼續用她的手機，那小孩繼續抱緊她的腳，一點聲音也不發出來。

試想想，這樣做是否一個恰當的處理方法？對家長來說，這可能是一個相當有效去處理子女情緒的方法，似乎沒有甚麼方法比威嚇更有效。但我們有否考慮到這方法會對兒女可能構成甚麼的長遠影響？在小孩的內心世界，沒有甚麼會比父母、照顧者的反應更重要，當然我們會毫不吝嗇地滿足他們在物質或身體上的需要，但往往忽略了他們心理上、情緒上的需要。

孩童成長研究指出，要讓小孩的情緒及人際關係有健康

的成長，一個穩固、肯定、投入及保護的「依附關係」相當重要。尤其當小孩還未懂得運用語言去表達他們的需要時，我們作為父母對他們的一個眼神接觸、一個簡單的微笑、一些溫柔的聲音、一些舒服的身體接觸、一個肯定的手勢等就是他們情緒成長的養份、及建立安全感的基礎。相反，如果小孩長時期在恐懼、威脅的環境下長大，尤其害怕失去父母的同在，小孩自然會用他一切的方法去讓父母看見他情感上的需要。

　　這個時刻非常重要，如果父母能看見他們的需要而再次跟他們連繫，表達關愛，小孩自然會覺得這個世界都是可信及安全的，困難是可以解決的。但如果這些方法都失敗，他們在情感上承受不了，結果只有一條出路，就是抑壓、甚至忽略自己的感受，當沒有感受的時候，沒有甚麼是承受不了，父母有沒有反應也變得不再重要！這個無奈選擇的出路或許有助小孩的情緒世界不至於崩潰，但代價是他有可能要做一個再沒有感受及安全感的人，不認識自己的情緒自然不了解自己，不了解自己的結果是很難與人建立親密及信任的關係。

　　簡單來說，當小孩的情感世界不被看見及感受到，他們也看不見或感受不到自己的情感需要。研究顯示，長期情緒被忽略的經驗不單影響小孩的腦部及心理成長，甚至帶來情感上的

創傷。這個車廂內發生的例子讓我明日，為何很多父母帶子女來見我都是在問：「請你幫我了解他們在想甚麼！」

　　我想，他們的情感世界可能已冰封多年，需要我們要再次給他們溫暖和保護，才能讓他們懂得分享自己的內心世界。那麼，為何我們不可以早一點，在問題未浮現之前，好好地跟我們的小孩建立深厚的情感關係，使他們終身受用呢。

父母篇

疫情下的親子壓力處理

黃雄基
職業治療師

2019 新冠狀病毒突襲香港，把不少香港的家庭殺個措手不及。有些家長要在家工作，但家中子女同時停課。他們整天忙於協助子女網上上課、督促子女做功課和溫習、陪伴子女玩、為子女解悶，已經疲憊不堪，很難專心在家工作。有些家長不幸失業，眼見積蓄天天減少，擔心找不到新的工作，更感徬徨。即便是不用工作的家庭主婦，亦會多了家居清潔和在家煮飯，比平時辛苦。而且，親子間多了相處的時間，初時還可以，時間久了亦多了各種困難、衝突和挑戰。

香港青年協會在 2020 年 3 月發表了一項名為「新冠狀病毒肺炎疫情與家長壓力」的調查，結果顯示，在受訪的 221 位家長中，近六成（59.4%）表示因疫情令他們經常或間中引發壓力；另有超過七成（73.2%）指當無法處理壓力時出現負面情緒，最多是焦慮（18.5%）、無奈（17.6%）及緊張（16.6%）。疫情確實令家長壓力大增。以下是一些處理疫情下的親子壓力的建議，希望可以幫助家長渡過這次疫情：

認清可以控制的事及不可控制的事

　　無人可以完全控制所有事，但每人都有自己的影響力，接受自己的限制和承認有些事是不由自己控制，同時盡能力改變自己可以控制的事。舉例而言，倘若對社會上的新冠狀病毒肺炎疫情狀況感到無力控制，但對工作及家庭都有可以掌控的地方，便可以盡量預備足夠的防疫物品，多清潔雙手，避免前往人多聚集的地方，亦可以和配偶互相幫助，輪流照顧子女和在家工作。

照顧自己

　　父母身心健康才能好好照顧子女，父母耗盡心力，子女亦不好過。建議父母花時間停卜來，暫時放卜煩惱，做些自己喜歡和幫助自己放鬆身心的事，例如看電影、聽音樂、做運動、選購特色美食及做手工等。如果有些事能和家人一起做就更好，例如到大自然走走。

創造家庭樂

　　多了相處的時間但又不能外出，不妨多些嘗試以往不夠時間做的家庭活動，創造多些家庭樂。一家人一起煮新菜式、焗麵包、做小食，然後一起享用，便可以樂上半天。一家人玩桌

父母篇

上遊戲亦可以有效和愉快地打發時間。喜歡靜態活動的家庭不妨一起閱讀圖書或觀看網上電影或其他表演節目，然後互相分享感受。

多溝通、存盼望

父母可以在輕鬆的環境下細心聆聽子女在疫情中的所思所感，表示理解、接納和支持，同時讓子女明白疫情只是暫時的，鼓勵子女稍加忍耐，等待時間過去。

青少年篇

如何達致身心健康

怎樣達致心理健康？

香港心理衞生會社區教育部

同學們在玩耍説笑時，可能會不經意互相取笑對方「心理不正常」、「心理不平衡」甚至「黐線」，但大家又可知道，甚麼叫心理健康？怎樣才能達致心理健康呢？

一個心理狀態健康的人，應該有以下的特徵：對自己有信心，經得起挫折，勇於面對生活上的問題；不會被憂慮、憤怒、悲哀、恐懼等負面情緒操縱；能建立和諧的人際關係；適應社會、參與社會活動，並接受改變。你認為自己符合以上有關心理健康的條件嗎？

其實，每個人都會有情緒起伏及無法解決問題的時候，但心理健康的人會勇於表達情緒，並懂得尋求協助，以保持健康的心態。在成長階段的中學生，面對身體、環境及心理轉變，需要注意及幫助自己達致更加身心健康，以下是一些可以促進心理健康的方法：

- 注意身體健康，吸收足夠的營養，保持適當的運動和充份的休息，並戒除不良的嗜好。

- 保持正確的人生觀，生活有目標及抱負。

- 懂得接納自己及別人的優點及缺點，不會過份挑剔或妒忌別人。

- 建立良好的人際關係，朋友之間互相支持、諒解及聆聽。

- 多與家庭成員溝通，增加彼此的了解。

- 學懂調劑生活，培養興趣，避免生活變得枯燥乏味。

- 如果生活充滿壓力，便需要先了解壓力的來源，再尋找解決方法。

- 當發覺自己或家人的心理狀況出現問題，便應尋求社工、輔導員、臨床心理學家，或精神科醫生的協助。

希望大家了解何謂心理健康之後，可以不時檢視自己，盡量保持生活平衡，活出真正的豁達開朗、健康快樂！

青少年篇

心康，從生活的小處着手

黃佩詩
臨床心理學家

一天與朋友閒談間，他提及近來頸梗膊痛，懷疑可能與在辦公室的坐姿有關，他曾試過調校電腦熒光幕及座椅的高度，但仍未能明顯改善頸、膊的痠痛。每天放工時痠痛非常，更甚的是一想到第二天又要回到辦公室「受刑」，便苦從中來。於是我請他示範一下平時用電腦時的坐姿，一看之下，發覺鍵盤離身體太遠，且前臂欠承托；經調整鍵盤的位置及椅臂的高度後，朋友頓時感覺到頸膊的肌肉稍為放鬆，而面貌也寬容了不少。

此事讓我看到身心相連的奇妙，身體上的不適對心情的影響是那麼的直接——頸梗膊痛引發一種無奈、無助的感受。所以，若可減輕身體上的不適，便同時可令到身、心得以舒緩，一舉兩得。

至於朋友在此事上的經歷，也讓我看到改變的過程及當中蘊含的智慧。首先他留意到身體發出的信號——頸梗膊痛，

這看似本能反應，沒甚麼值得嘖嘖稱奇；不過，往往因為忙碌的生活，我們很容易忘卻身體的信號，如肌肉繃緊、肚餓、頭痛等等，慢慢地由忘卻變成忽略，對身體的不適不聞不問，久而久之，對身體的感覺變得盲目，更莫說甚麼改變的意願了。所以當朋友開始去思索頸梗膊痛的由來時，已經是踏上改變歷程的第二步：聯想到頸梗膊痛與坐姿的關係便需要對日常生活的細心觀察及體驗。而下一步更是一個突破——由「知」到「行」，用實際行動改變坐姿，試着改善肌肉的痠痛。說是突破並沒誇大，試問下自己或身邊的朋友，有多少次我們明知問題的所在，但沒有付諸行動：例如知道是因睡眠不足而令日間的精神欠佳，但又沒有調整一天的行程以增加睡眠的時間；又例如明知腸胃時常不適跟飲食習慣有關，但又從來沒想過改變飲食的時間、份量或種類等。所以，看似一小步，已是一大步。

更值得讚嘆的是，朋友的耐性及開放的態度，因改變通常都不是一步到位，有時是經過幾次或多次的調整，結果才能較貼近自己的心意。就如朋友初時調校完鍵盤及座椅的高度後，感覺到仍未能改變頸梗膊痛時，便嘗試再找別的方法——在這個事例來說，就是「問人」；如果他試過一次就放棄，或只固

青少年篇

執於認為只是與鍵盤及座椅的高度有關時，便不會出現「問人」這一步了，而事情的發展亦會改寫了。

　　這事看似是生活的一件小事，但我看到的每一小步都是一個突破，一步緊接着另一步，而改變就是如此的一步一步實現出來。此外，如果將此事例比喻為一個故事，我相信這故事是未完的，隨着身體的變化、工作模式的轉變、或對有關人體力學的知識的增加，都可能再次調整坐姿，甚至辦公桌上的裝置；雖然如此，但目的始終如一——就是令自己舒服一點，而如何有效地去做，其中不可或缺的就是對自身的覺察。

　　在生活中，為着改善現狀，我們或許想改變很多事情，「去改變」本身是一個習慣，是需要培養、練習的。就好像一個運動員平時要鍛煉肌肉，我們「去改變」的「肌肉」亦需要時常鍛煉的，以助我們習慣作改變。開始的時候，不妨由小事做起。今天一小步，明天一大步。

提升抗逆力　迎戰困境

香港心理衞生會社區教育部

每個人的生命裏總會遇到挫折或低谷，不可能每樣事情都順心如意。面對逆境時，抗逆力的高低變得舉足輕重。「抗逆力」（resilience）是面對困難的適應、自我校正、復原及轉化逆境的能力，可以令生命力更頑強。有內地或台灣學者將它譯為心理彈性、心理韌性或復原力。近年「復原商數」（Resilience Quotient）漸受重視，甚至有指其影響力將能與 IQ（智力商數）及 EQ（情緒商數）匹敵。

抗逆力高的人會有甚麼表現呢？他們並不是過份樂觀「堅離地」盲目自信可以跨越一切困難，而是「落地」地明白得失只是人生的一部份，暫時的成敗不等於自我價值，並且能把挫折當成推動自己進步的動力，把失敗看為下次改進的基石。

有部份人以為，現時香港有些學生的抗逆力不足，以致面對困難或不如意事時，容易出現負面的情緒或行為如逃避、自我放棄，故筆者希望可以借本文幫助提升整體學生的抗逆力。

青少年篇

不要以為人在面對逆境時才可以培養抗逆力，其實，我們可以未雨綢繆，為將來的困難作準備，及早提升抗逆力，增強迎戰將來的能力。

那麼，我們可以從哪裏着手呢？ 有心理學家指出，抗逆力七大組成要素包括：調整情緒、控制衝動、分析原因、保持同理心、務實地樂觀、明確的目標、相信自我效能。故此，可從上述的要素着手，在各方面調節，提升學生們的抗逆力。在此簡單分享其中三個可行的方向：

1. 分析原因：如果我們長期處於負面情緒，遇事就很難客觀分析及圓滑成熟地處理。因此，我們得學習給予自己充足時間分析，並為負面情緒尋找源頭，從而在較佳情緒下採取較正確的行動，才不會容易重複錯誤的行動。

2. 務實地樂觀：學習對現實作出合理的衡量，正面理解挫敗，同時對將來懷有希望及長遠目標。例如期終考試成績不如人意，不要過度理想化地幻想自己明年會名列前茅，而是務實地規劃，告訴自己如果急起直追，成績是

可以進步的，並為自己設立可行的學習目標。

3. 相信自我效能：這是指相信自己可以掌握個人的生活，
   可以透過行動改善自我及身邊事物。這種信念對於我們
   跨越困境非常重要，能幫助我們保持沉穩，有效掌控情
   緒。

青少年篇

説易行難 如何活在當下

賴子健醫生
精神科專科醫生

近年，正向心理學已是心理學的主流之一，而且廣泛用於心理健康及情緒病的預防及治療。我們亦不時會聽到一些專家或輔導者會建議我們要「活在當下」。但何謂「活在當下」，似乎不同人有不同的解釋。有人會認為是忘記過去、努力向前；或者抓緊現在、享受今天等。看來沒有一個一致的說法。

其中一個論點，似乎綜合了一些常用的正向心理學方法，用以改變我們的思想方式，可能有助處理負面情緒和焦慮，現簡述如下。

昨日（過去）的事——很多時我們受過去的經驗及往事影響，留下陰影，或有悔疚、自責、憤怒，又或者對自己或身邊的事物缺乏信心，對將來感到悲觀。但是，過去的事情已發生了，現在後悔自責也沒有用，不能改變甚麼。所以，我們應從過去的事汲取教訓，避免以後再犯同樣的錯誤；除此之外，便要學習放下。可以說，不要活在過去，又或者是學習「選擇性失憶」。

明日（將來）的事──我們確要對人生有計劃，對事情有預算，以減低意外或事情變得失控的機會。但明天最終會發生甚麼事，我們無法預知，亦不能完全控制。極其量在可行範圍內作準備，但事情最終如何發展難免有變數。所以，太過為明天憂慮和籌算，無益亦無用，亦很大機會徒然勞苦，甚至失眠焦慮。

今日（現在）的事──我們最應及最能夠做的，就是集中精神，聚焦、專注手上的工作或事情，盡可能做到最好。而且，這亦有助增加做事的效率和準確性，增加順利完成的機會。

除了以上的心態改變外，有甚麼行動上的功課可作配合呢？我曾聽說一個方法，就是養成每日寫一段簡單日記的習慣，去處理當日的負面思緒及焦慮。例如，在完成一天的生活和工作後，用幾分鐘的時間，寫下三件事：今天最討厭或失敗的事，今天感恩的事，最後是明天的計劃或目標。首先，寫下今天不愉快的事，是要練習放下、不再去重複回想；感恩，是要提醒自己，今天曾遇到的好人好事；至於寫下明天的事，便是要嘗試放下焦慮和擔心，不再去想。

事情辦完後，將工作暫時放下，關上電腦，轉而做身心鬆

青少年篇

弛的活動，並大可睡一個好覺，明天的事明天才算了。以上的調解煩惱、處理壓力和焦慮的方法，是我對「活在當下」的演繹，大家不妨參考，並且嘗試一段時間，看看是否有幫助。

運動紓壓　科學有解

黃南輝
前社區教育部教育主任

青少年期是青少年身心急劇發展的階段，但同時亦是各種精神問題開始醞釀的時期，如果可以讓青少年及早培養持續運動的興趣及習慣，對於壓力、焦慮及抑鬱等多種精神問題有一定的預防作用。對於不幸遇上情緒問題的青少年，只要勤做運動，有關的問題亦會得到舒緩。

勤做運動對青少年身心健康的好處，大致可分為三方面：

1. 透過持續的運動鍛煉意志力及耐力：投入運動訓練的初期，由於身體需要時間適應，過程難免會相當辛苦。不過度過了適應期後，持續運動帶來的好處便會顯現。只要青少年願意在運動中不斷地挑戰自己的紀錄或者極限，他的意志力及耐力便會得到顯著的鍛煉和提升，連帶個人的自信心及抗逆力亦會有所增加。

幾乎所有運動的愛好者都表示當做運動成為了習慣以後，中斷不做反而會感到不舒適，成為了生活中不可或缺的部份，

111

青少年篇

亦因為這積極正面的生活習慣，令日常生活更為充實及有意義。

2. 持續運動有助舒緩壓力及情緒困擾：眾所周知持續的帶氧運動會令身體分泌一種物質安多酚（Endorphin），安多酚是一種腦下垂體分泌出來的氨基化合物，它能產生快樂的感覺，也可以提升人體免疫力。安多酚含有嗎啡性能，具有止痛的作用，是天然的鎮痛劑。

一般來說，持續進行帶氧運動 30 分鐘後，能減少腎上腺的激素含量，降低抑鬱情緒；卻同時能提高大腦內的安多酚，使運動者產生快樂的感覺來舒緩肌肉痠痛。此外有研究顯示運動亦有助提高身體內一些神經傳遞介質如血清素、多巴胺和腦源性神經傳遞粒子（Brain derived neurotrophic factor）等等的水平，這些物質對於減低負面情緒及提升精神健康都很有好處。此外，運動亦有助結識一群志同道合的好友，共同分享快樂，分擔苦惱，支持網絡因此得以提升。

3. 運動令身體更健康及強壯，精神飽滿從而有助提升心理健康：身體健康和精神健康密不可分，強健的體魄是精神健康的重要基石，所以運動對於促進身體健康扮演着非常重要的角色。例如伸展運動可以舒筋活絡，強化筋

腱；帶氧運動可以增強心肺功能及免疫力，而負重運動可以增強肌肉及骨骼。此外，運動可以提升新陳代謝功能，減慢衰老以及提升睡眠質素等，這些效果都有助促進精神健康。

青少年篇

運動變習慣　四點不可缺

黃南輝
前社區教育部教育主任

　　做運動的好處很多，相信大家都不會有異議，但父母面對的最大問題是：如何可以令子女持續地及有興趣地做運動。以下嘗試提出一些建議，給為此事感到頭痛的父母作參考。

1. 因應興趣及專長選擇運動——運動可以分為伸展、帶氧及負重運動，各有不同的效果，可以互相補足。最理想是三類都做，然後側重 1 至 2 項，將運動變成習慣。開始時可以讓兒童或青少年嘗試不同類型的運動如游泳、跑步或跳繩等，選擇其中他感興趣或表現較佳的類別作進一步培養，其中父母的支持和鼓勵十分重要。如果他可以在運動中得到成功或滿足感，日後將運動變成習慣的機會將會大增。

2. 有系統地學習及訓練——基於安全及效益的考慮，可以的話，安排子女有系統地學習運動技巧及進行運動訓練。例如聘用教練教授或加入學習班和相關組織，例如

泳會、足球訓練學校、行山會及跑步協會等。雖然私人的專門教授在學習上效果較佳，不過個人認為，群體學習的效果會更全面，一方面是私人教授費用高昂，一般家庭負擔較大；而更重要的是在群體學習中一群人一起訓練、互動及比賽，可以起互相激勵和支持的效果。

3. 建立鼓勵及支持勤做運動的環境——在鼓勵子女勤做運動之餘，父母亦宜以身作則，經常做運動，以表示對運動的重視。如果可以不時全家一起做運動，例如打球或行山等就更理想。由於運動耗用當事人相當的時間和精力，父母需注意在作息安排及食物營養等，特別是當運動訓練與準備測驗考試出現衝突時，更要注意取得平衡，避免因為要求子女應付測驗考試而不時中斷他的運動安排或有關的訓練。此外，父母亦應協助子女訂定可達成的目標然後逐步去完成，如果子女有機會參與比賽的話，緊記要出席支持，這一點是十分重要的。

4. 配置合適的裝備——所謂工欲善其事必先利其器，有很多運動如果要順利進行，必須要以相應和合適的裝設器具去配合。以踏單車為例，一部性能良好並裝配了車頭及車尾燈的單車、一頂堅固的頭盔加上易乾透氣的運動

青少年篇

服便是單車運動的基本配備。適當的裝備除了令當事人可以順暢地做運動外，更重要是令他的安全和健康得到保障。運動裝備不應追求華麗及昂貴，效能、適合程度和實用性等才是最重要的考慮因素。

善用運動對抗抑鬱情緒

程志剛
香港心理衞生會總幹事

在眾多的情緒或精神問題之中，抑鬱與焦慮可謂是最普遍的問題。其中，本會於早前進行的調查，就發現 5.5% 港人的抑鬱困擾達「臨床組別」，可以估計他們患有抑鬱症及需要接受專業輔導及治療，情況相當值得關注。雖然大家可能都已知道做帶氧運動有助減低抑鬱困擾，但許多人仍缺乏動力做運動，甚至不少中小學生也沒有運動習慣。

根據本會的調查，35.8% 受訪港人在過去一個月沒有進行任何 30 分鐘的帶氧運動，年輕人更是最少做運動的一群。事實上，經常做帶氧運動的人士，抑鬱程度較低，顯示帶氧運動有助預防或舒緩抑鬱，以至促進身心健康；運動並且可以提升個人的精力、自信、社交能力及網絡。筆者建議無論學生、家長或老師，都可以積極調整生活方式，多做運動，培養個人興趣，豐富餘暇生活，有助達致身心康泰。

我們的調查也發現，年輕人即使有運動習慣，但年紀越

青少年篇

輕，就越會傾向選擇負重運動而忽略帶氧運動。其實，負重運動、帶氧運動及伸展運動各有好處，大家適宜平均地選擇運動項目，並且持之以恆，而非間歇性為參與某些運動盛事才突然做大量運動。

要鼓勵自己透過運動提升情緒，學生可以考慮參加校內校外不同的運動活動，更不妨參與一些賽事，讓自己從中獲取競賽的經驗、提升身體機能及自信等；家長老師亦宜以身作側，多鼓勵及陪伴青少年參與體育活動。作為復康機構，我們也鼓勵服務使用者透過足球、羽毛球、長跑等活動，促進身心健康。期望有一天，香港全民運動的風氣可以興盛！

學習「快樂七式」 建開心人生

梁凱怡
社區教育部教育主任

　　每個人都希望開心快樂，但快樂的心境卻不容易保持。全球快樂報告（World Happiness Report）在 2019 年 3 月的發佈就顯示，在調查的 156 個國家中，丹麥成為全球最快樂的國家。香港則排名第 76 位，比 2017 年排名下跌四位。嶺南大學公共政策研究中心亦在同月公佈了「2015 年香港兒童快樂指數調查」結果，發現兒童的快樂指數由 2014 年的 6.74 分下跌至 6.49 分。

　　本應無憂無慮的兒童，似乎並不如我們預期一般快樂。這值得讓我們思考，有甚麼阻礙他們獲得更多的快樂？

　　美國著名心理學家馬丁・沙利文（Martin Seligman）在 1998 年發展正向心理學，透過科學的方法去解釋人們在追尋快樂的過程中呈現的心理與行為，藉此幫助人們得到持久又有意義的快樂人生。「快樂七式」便是從正向心理學整合而成的七個快樂元素。

青少年篇

1. 感謝與讚美：把握致謝的機會，簡單的一句說話、一張紙條、一張感謝卡，足以表達對別人的讚美和欣賞。既可讓別人心情愉快，自己也有愉悅感，達致雙贏的快樂。將開心的片段紀錄下來，那份滿足感將長存於心中。

2. 健康樂悠悠：運動過程中，腦部會分泌大量安多酚，令人產生快樂的感覺。除了每週的體育課，你有運動的習慣嗎？從今天開始，讓身體動起來吧！

3. 敬業樂業：培養個人興趣，訂立一個目標，投入做好一件有意義的活動，可以經歷一個愉快的過程，並從中找到趣味。

4. 嘉言善意：負面說話令人消沉，要多用正面的描述為自己打氣：「我做得到！」、「老師讚我有禮貌，我好開心！」。肯定自己付出的努力，找出自己的優點，以樂觀的心態和正面思想迎接挑戰，困難將迎刃而解。

5. 為善最樂：常言道「助人為快樂之本」，幫助別人能為自己帶來快樂：幫同學撿起跌落地上的鉛筆、問候患病後復課的夥伴。能力所及，也是舉手之勞，即使在繁瑣的課業中也可以體驗助人的美好時光。

6. 常懷寬厚：同學朋友間難免有爭執摩擦，但惱怒一個人的時間越長，代表你的快樂時間越少。接納每個人都有犯小過失的機會，原諒對方，也是放過自己。

7. 天倫情話：珍惜與家人相處的時間，分享親人的生活，建立互相支援的溝通平台。飯後圍坐客廳風花雪月、週末到海邊暢泳、秋涼時遠足郊遊。無論戶內戶外，上山下海，均是家人共聚、樂享天倫的好地方。

希望大家能在七個元素中，找到開啟快樂之門的鑰匙，擁有快樂的身心靈。

青少年篇

再快樂一點　你我做得到

曾媚
精神健康綜合社區中心註冊社工

世上多數人每日都是勞碌，各自為了生活奔波、學習或工作。然而，我們可能會發現，有些人特別愛抱怨讀書或工作痛苦，整天苦不堪言，有些人卻顯得積極、快樂又感受到意義？當你看到有些同學或老師能常常帶着笑臉，彷彿甚麼困難也有辦法解決，你認為那種表現是天生的性格還是後天的努力？

根據心理學家沙利文（Martin E. Seligman）的理論，我們是否能夠容易感受到快樂，部份原因的確是屬天生的性格，但原來後天的努力也可以幫助我們變得快樂。根據正向心理的看法，一個人的「快樂指數」有一半因素是受制於其先天的「情緒幅度」，現實環境及他的際遇的影響力也有約一成，剩下四成的影響力，原來是來自我們自主的活動與思維。這也就是說，我們即使沒有天生開心果的性格，也改變不了客觀環境，仍有至少四成影響力是來自後天自主的活動與思維，我們可以透過靠改變自己的思想及行為，令生活變得更快樂。

説到底，我們能否成為一個快樂的人，常常充滿動力去面對每天的挑戰，非常視乎個人的決心及行動。至於要令自己開心快樂，有甚麼秘訣呢？美國心理學家 Sonja Lyubomirsk 曾經進行研究，提供了八項主要的建議，我們或者可以加以參考：

1. 多回想發生在自己身上的快樂事情

2. 做多善事

3. 對於自己的生活知足

4. 多對自己的際遇感恩

5. 學習寬恕他人

6. 為家人和朋友付出

7. 提升自己應付困難的能力

8. 注意自己的身體健康

希望令自己更滿足地生活，每天開心上學的你，將會選取從哪一項秘訣開始做起呢？

青少年篇

與身體對話　做個好「老闆」

區敏怡
前社區教育部教育主任

　　筆者早兩年百痛纏身，作為精神健康方面的工作者，除了知道痛症會影響情緒外，更重要是情緒也會引發或者惡化痛症的情況。

　　都市生活的人，大部份也會分享自己「頸梗膊痛」或者「腰痠背痛」的困擾，當然這些情況與使用過多科技產品以及站坐的姿態有關，不過千萬不要忽略情緒的因素。情緒與身體的狀態息息相關，我們往往能夠從身體的毛病窺探出近期的情緒狀況，到底是壓力、緊張、擔心、不安還是抑鬱呢？可能你會回應「不知道」，這可能與我們很少接觸和明白身體有關。

　　其實你與身體的關係就好像員工和老闆的關係。試想想，若果你的工作量大，已經十分吃力，既已盡力，卻換來埋怨與責罵，服從性強的你大概做到病倒了才迫於無奈停工；有一點反叛的，可能就間中發脾氣甚或選擇隨時罷工。更多時候，我們被生活牽絆，所謂「向現實低頭」，總會硬着頭皮的完成工

作，累了仍要鞭策自己繼續衝。然後遇上不體諒的上司或老闆，還可能請你看過醫生後盡快復工。當你感覺無力時，只想感受到關懷和接納，然後給你一個最支持的擁抱，是嗎？

通常人們對不喜歡的感覺總是拒絕的，最好與之劃清界線，所以只要遇上身體痛楚，大多數人會選擇服下止痛藥或敷上藥膏了事，還可能埋怨身體不跟自己合作，總是在不適當的時間「發作」，似乎沒有想過可以與身體溝通。其實「痛」大概是身體發出的警號，責備和埋怨絕不是好的回應方法。你就是身體的主人，該如何對待替你賣命的身體，是選擇與他相愛相親，還是同歸於盡？是你個人的選擇。人生的道路總有高低起跌，並不易過，既然如此，何不當一個懂得善待別人的僱主，何苦難為他人又為難自己呢？

鼓勵你每天睡前，嘗試問問身體的狀態，當你安靜下來與它對話，你會感應得到身體的需要，他可能會告訴你，因為今天要應付很多突發狀況而整個人發軟無力；他也可能告訴你，因為今天有太多憤怒的事情，所以感覺頭部脹痛；他亦可能告訴你，因為長時間的勞役，整個身體都忘記怎樣放鬆。我相信一旦展開了這個對話，你會有很多與自己情緒有關的驚人發現。然後，請好好的跟身體說句感謝或打氣的說話，可以簡

青少年篇

單如「今日做咗好多嘢，辛苦你喇」、「多謝你默默耕耘」、「都知道用咗成日電腦，你好劫好痠痛，而家你可以好好放鬆下。」、「呢幾日會好忙碌，完成咗呢個任務之後，會畀你好好抖下」等等。

善待身體等於善待自己，只要你願意重視它的存在，他會成為你最忠心的「員工」，讓我們每天過得更自在。從今天起，願你們合作愉快。

共勉之。

實踐「五常法」 引發正能量

黃玉癸
前香港心理衞生會總主任（服務）

香港的年輕人生活壓力很大，面對學業壓力、前途考慮，又可能要裝備自己「一音一體一藝」。生活逼人，偶有負能量亦在所難免。在這裏我分享新「五常法」，希望幫助青少年充滿正能量。

第一個「常」是「常正面思考」，意思是保持正向思維。每件事都並非絕對，而且思想也直接影響行為及情緒，因此如能保持積極正面思考，往往可以帶來正向行為及情緒。新的學期也可能要面對與好同學分開，一想起就會不開心，甚至不想升級；但是如果能想想分班也有其好的一面，因同時有機會認識新同學，擴闊自己的朋友圈，也不算差的。如有這種想法，必能結識新同學之餘也可繼續與舊同學維持友誼。

第二是「常分享」，如果經常獨自面對困難，那會為自己產生不必要的壓力，與人分享自己的困擾可以幫自己從另一角度思考，將自己的能力昇華而解決困難。分享不是弱者的表

青少年篇

現，反而是積極面對行為的行動。只要你先走出第一步，身邊人就會樂於與你分享。

下一項是「常關心」，關心身邊人、身邊的朋友往往也是一份喜悅。朋友圈是很重要的，要鞏固才能維繫，所以必需互相關心。當你發現朋友有情緒低落時，不妨關心聆聽他們的心底話。支持你的朋友，這樣做不但會幫助他人，更能建立自己的信心，有助日後自己應付情緒。助人的過程也是讓自己成長的過程。

第四項是「常讚賞」，年輕人時常反映他們的行為經常被人批評，以致影響其自我形象，也減低其自信心。在這裏，我建議年輕人由自身開始，對朋友的恰當行為給予讚賞及鼓勵，

甚至對家人也可多作讚賞，以自身行為影響其他人。別人在得到讚賞的過程也會受到影響，而最後受惠也會是自己呢！

最後一項是「常追夢」，或許青年人已經常被說為不切實際，只愛天馬行空，還需「常追夢」？重點是「追夢」而不是「發夢」，即是年輕人要有其理想，更要為其理想而努力。如果能訂立清晰的目標、理想，他便有清晰的進修／工作或生活方向，可以建立堅毅力或抗逆力，「常追夢」就是請年輕人為其夢想而努力，要常有目標，那生活才充滿希望，陽光就常伴左右。

留意身邊小事　多角度思維

余利玉
精神健康綜合社區中心註冊社工

在日常生活實踐「多角度思維」並非易事，而我總會想起自己曾經歷的一件事：一次我坐小巴回家途中，小巴司機突然在燈位前急刹停車，原來一位撐着拐杖的老伯走在已轉紅燈的馬路中，車上乘客都紛紛慶幸司機能及時刹停車，否則後果不堪設想。當時我以為那位司機馬上會對老伯發火，但事實並不這樣，司機的一番話令我愕然及佩服：「這位老人家真係夠『吉士』，夠膽這樣子過馬路！」他語調平靜、臉色祥和、絲毫沒有憤怒。

小巴司機可以選擇從負面角度去看老伯衝紅燈事件，但他沒有發怒，反之以正面態度看問題，所以他的心境平和。所謂多角度思維是指能從不同的角度去看事物，尤其積極正面的角度。人的一生當中，總會遇到順逆境：當順境的時候，通常能做到正面思維；然而，當逆境出現的時候，要保持積極的心態則未必人人能做到。反之，鑽牛角尖的負面想法較常出現，使

人情緒困擾。

因此，培養多角度的思維顯得相當重要，尤其對時下的青少年更是如此。要建立多角度思維，首先要留意自己平時說話會否出現以下的口頭禪：例如「我一定要」、「我絕對不能」、「我應該」、「我必須」或「我不可以」等等。這些字句都反映了講者思維缺乏彈性，看事物角度單一，是發展多角度思維的阻力。當事情結果發展不如己意時，較易出現悲觀或負面的情緒及行為。

要擴闊看事物的角度，可以從日常生活小事作出反思。例子一：父母說話囉唆又長氣，你可以選擇認為父母煩厭，想避開他們或與之鬥嘴。但亦都可以選擇認為父母的行為是源於關心，要和他們多溝通，以免父母擔心。

例子二：第一科考試出師不利，未如理想。你可以選擇沮喪，斥責自己，影響溫習下一科的專注力。但亦都選擇可以收拾心情，忘記背後，努力向前，相信自己在下一科會做得更好。

訓練多角度思維並不是一時三刻就可以立竿見影。要持之以恆，從日常生活小事當中，多覺察自己的思維如何影響情緒及行為。人生總會經歷失望、挫敗或憂愁的時候，我們也需要接納自己有這樣的負面情緒，讓自己有時間去平復心情。

青少年篇

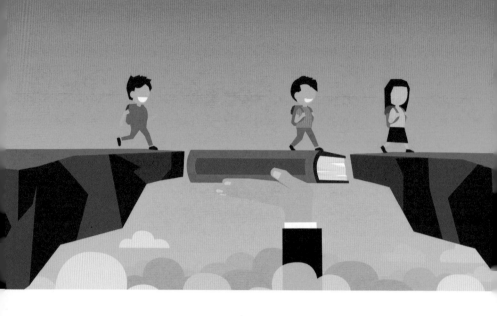

　　但是，如果事情持續令自己處於困擾或影響日常生活，則要嘗試從另一角度去看問題，改變自己固有或偏執的想法，或是尋求他人的幫助，從而重拾動力，面對生活上的各項挑戰！

主動加理性　學解難技巧

曾媚
精神健康綜合社區中心註冊社工

　　就讀中五的家盈覺得近期碰到越來越多問題：在學業上，感覺花多少時間也追不上同學的進度；在與同學之間的相處，不只常常意見不同，甚至有時針鋒相對；而父母與家盈的期望不同，在家總忍不住常常吵鬧；加上明年就要面對文憑試，父母要求她減少練習喜愛的溜冰活動，她感到莫可奈何，覺得有苦卻無處可訴。

　　家盈越是不想面對現實，問題就越複雜，令她深受困擾，終於要向學校社工求助。社工除了傾聽她的心事之外，更教她名為「社會問題解決模式」（Social Problem Solving Model）的解難模式，幫助她分析自己的情況。這種解決問題的模式由學者 D'Zurilla 等提出，主要是幫助遇到問題的人，透過連串獨有的認知、情緒及行為模式，尋找有效解決問題的方法。根據這模式，當遇上困難，我們一般出現兩種應對傾向：一種是「主動傾向」，即是有建設性及努力思考解決方法；另一種是

青少年篇

「消極傾向」，傾向毀滅性地解決問題，並容易產生負面情緒。

以上兩種應對傾向，往往會導致三種應對風格：第一種是「理性風格」——由於有主動解決問題的傾向，會深入及系統地運用策略解決問題；第二種是來自消極傾向的「衝動或疏忽風格」，解決問題表現衝動及不理智；第三種也是消極傾向的應對風格——「逃避風格」：喜歡使用這種應對風格的人，總是嘗試延緩問題，不願面對當前困難。

一般來説，使用主動傾向和理性風格，會令困難解決過程取得較正面和有良好結果。家盈分析發現，自己過往傾向了消

極及逃避的風格，難怪越來越不滿家庭及校園生活，產生許多負面感受及情緒。而在上述問題解決模式之下，家盈學習到要先了解問題、為問題找出原因、作出評估、有意識地作出自我控制、付出時間及努力去改變。最後，她又在社工的幫助下，嘗試學習以下的解難技巧步驟：

1）認清問題及形成問題的原因

2）思考不同的解決方法及其可能帶來的影響

3）決定採用哪些解決方法

4）執行解決方法，及對方法的有效度作出確認

家盈面對的問題不止一樣，而且人的性格難於一時三刻就改變。但她願意慢慢改變自己面對困難時的傾向，學習以主動傾向和理性風格迎接問題，又願意學習解難技巧，對於她改善人際關係及處事心態實在大有幫助。

青少年篇

學做鏡子　反映對方情緒

鍾國恆醫生
精神科專科醫生

某天早上難得能和一個很久沒見的朋友吃早餐。雖然只是短短的相聚交談，感覺卻真的很舒服，好像這幾天的鬱悶也頓時被處理了。（是的，精神科醫生也是人，也有情緒呢！）

同時也有些人會覺得，不想談太多自己的感受遭遇。他們會感到越談及不愉快的經歷，情緒反而越壞，那倒不如不説更好了。縱使身邊人已很有耐性聆聽，卻始終難以撫平受困擾的情緒。

大家在網上也能找到很多有關輔導技巧的資訊，當中都談及不少要注意的地方。例如不要太早給予你的意見或看法（例：自殺是不對的噢！），不要嘗試去説服別人去跟隨你認為能幫助的方法（例：每次當你不開心的時候，你就做我教你的放鬆練習吧！），要讓他們感到自己的感受被明白及聆聽等。那為何這些在情緒管理中是如此重要呢？

事實是當一個人的情緒已到達難以自我平復的狀況時，

腦中的杏仁核 （Amygdala）已處於活躍狀態，這時是難以運用任何高階思考去處理問題的。這刻需要的，其實是一個能看到自己心靈上正在發生甚麼的安全空間。當身邊人能在此刻冷靜地一同感受困擾中這些情感經歷，繼而能在身體語言或感受上反映這些經歷，一起接納及回顧這些感受或遭遇，在過程中受困者就像在「鏡中」察覺到自己正經歷甚麼情緒感受，從而理解自己狀態，慢慢就能多些接納自己的不同情感。這個過程就是「Mirroring」，在心理治療中是很重要的一部份。沒有這「Mirroring」，就算聆聽者有再多的耐性，受困者的情緒也難平復下來，甚至繼續向上呢！

其實這過程在嬰兒時期已開始，在父母和嬰兒之間每個微細互動中，閱讀嬰兒的情緒狀態或需要，準確反映出來讓嬰兒感到被明白及安穩，就是早期建立自我情緒調整（Affect Regulation）的重要經驗。每人的不同成長經歷，不同程度地影響着這自我情緒調整能力的發展，這與往後成長中甚至長大後的不同性格或情緒問題也有一定關係。精神科的評估及治療，其中一部份就是透過和病人建立這安穩關係，從而了解及改善情緒調整困難。

即使你的小朋友已長大，或是老師要處理兒童及青少年情

青少年篇

緒問題，能掌握以上提到的，就能更有效幫助他們建立處理情緒能力。就像當天我的那位好朋友，也做了我的一面「鏡子」，接納及反映了我的感受經歷，撫平了我的心！謝謝你！

義務工作助青少年提升心理健康

曾媚
精神健康綜合社區中心註冊社工

常言道:「施比受更為有福。」參與義務工作,正正印證這句話——夠給予,是有福的事。

義務工作是甚麼呢?簡單而言,義務工作是在不獲物質酬勞之下,為改進社會而提供的服務。既然沒有酬報,又何來有福?其實,中外不少地區都有學者探討過義務工作對於個人的生活品質、參與動機或主觀幸福感的影響。許多研究都發現,做義工會令人有比較理想的生活品質與主觀幸福感。本地也有社福機構就長者義工的個人特質及心理健康狀況進行研究,發現長者義工普遍身體及心理健康狀況都較為良好,對生活亦較為滿意,做事多能集中精神、自覺在各方面擔當有用的角色;處事可以拿定主意,感到日常生活有趣味及能勇敢面對問題。

至於青少年,參與義工服務肯定能帶來許多好處,除了令有需要的人士得到幫助,亦可開闊視野、增強個人的溝通能力,甚至達致個人成長。因為許多社福機構會提供義工培訓,

139

青少年篇

讓義工有足夠知識及技巧。例如本會為新義工提供基本訓練，包括溝通技巧、團隊精神及認識精神病康復者及智障人士等的知識；新義工投入服務後，更可以接受進階訓練，例如義工領袖培訓、多元技能提升培訓、精神健康急救培訓等，這些知識既有助提升義工服務質素，對於個人成長亦有甚多裨益。

此外，青少年喜歡交朋結友，參與義務工作，可以認識不少背景迥異但志同道合的人士，學習與人相處。更重要的是，做義工可以推動青少年的心理健康發展，令生活變得豐富。一位青少年義工呂家進參與本會義務工作後，有以下的得着：

「我參與了香港心理衛生會義工數年，探訪院舍中不同的康復者或智障朋友。做義工讓我的生活變得充實，多了與人接觸溝通，增強了自信心，而且讓我更認識他們。早前地鐵縱火事件引起大眾對精神病患者的恐懼，但透過親身接觸，我明白普遍精神病康復者並不可怕，反而挺友善的。

還記得有一次，我因生病沒有出席義工活動，一名舍友主動關心我的病況，令我非常感動。此外，我更從他們的生命故事中學習，並喚醒我對人的尊重與關懷，原來我也可出一分力，助康復者走上復元之路！」

放下思想包袱

陳文珊
心理輔導員

　　常常聽見有人問道，是否有與生俱來的悲觀個性？所以無論怎樣，這種個性的人想法都傾向負面、不好的。你是否也有想過這個問題？

　　對於筆者來說，個性塑造是多樣因素集結而成，並非單一原因。其中一個影響個人的思想形成，是其成長的經歷，並在這些經歷中，是否得到恰當的愛與能力感的認同。若果有很多被否定的經驗以及帶有僵化性的條件，才獲得認同，對於個人的自我形象確立，很有可能產生負面的傾向。

　　怎樣才是僵化性的條件？比如這種想法：「我要做到全校成績最好，才能得到父母或他人的認同！稍有差池，便會失去了他們對自己的欣賞。」所以不少成績很好的同學，都非常害怕名次下跌，即使是由第一名跌至第二名，他們已感到自己是徹底失敗，能力不足之餘也得不到別人的喜愛。當個人曾經歷到這樣的挫敗，或是長期處於這樣的擔心（例如擔心「我每次

青少年篇

考第一名他們都這麼開心，假若我考獲第二名的話，他們會接受不來。」）這種思想包袱便越來越牢固。久而久之，對眼前的生活便造成更多不愉快的經歷，就像在一個深淵的漩渦中，轉來轉去，難以自拔。在這種長期的壓力底下，實在會令人吃不消。

因此壓力的產生，不一定是普遍認為負面的事情發生，如考試不合格；而是個人面對此情況下的所思所想，對事情作出的反應，繼而產生負面的情緒。

故此，在面對負面情緒時，可了解對甚麼事件會產生這種強烈的情緒，從中了解個人對事情的想法，找到了某種特定的思想包袱，便可以針對性地改善這些想法，以減少個人的「悲觀感」。

常見的一種思想包袱，稱為「黑白分明」，指只有絕對性的想法。例如：「拿下四科 5** 並不是一樣很了不起的事情，要拿取全科 5** 才稱得上屬害」、「我要是不做，要做便要做最好的！」、「每日我都要完成上司給予我的工作，否則我不應下班。」、「任何情況下都不應該遲到，更應該提早到達；遲到是種失信的表現，我不能失信於他人」等等想法。

筆者有時形容黑白分明的思想特質，只有「0」及「1」，沒有中間的地帶，對於擁有這些想法的人來說，他們的處事方

式，是比較直接及簡單，喜歡以一刀切的方法進行。或許你會想這樣有甚麼不好呢？ 試想像，如果經常以這種方式面對事情，這樣，他或她便會將做到而未達到其要求的事情都一一推倒，長此下去，便容易累積很多挫敗的經驗，成為了自己失敗的罪證。

你也有這個思想包袱嗎？下一篇再為讀者分享更多不同的思想包袱及如何去改善這些思想包袱。

輔助服務熱線： 3583 1196

青少年篇

青少年「事事關己」成思想包袱

陳文珊
心理輔導員

很多人會認為這年代的青少年都不會為家人着想，只是家長焦急地為他們籌算將來。然而在我們接觸到的青少年中，卻有不少為了家人或家庭的需要而弄至情緒困擾。其中一些情況是父母為自己的付出很多，擔心到了他們年老的時候，自己是否有能力去照顧他們。尤其是現今的香港，大多數的家庭所生養的小孩數目不多，一般都是一至兩個。三個小孩的已被視為大家庭。家庭內手足之間可以作出的補足不多，故要獨力照顧父母的情況也變得更常見。在客觀的因素下已經構成一定的壓力。如果再加上他們都認為自身條件不足亦不可以求助於他人時，惟有不斷催迫自己溫習讀書來提升自己讀上大學的能力，確保自己能為家庭負上責任。

不少抑鬱情緒的人士，其中較為常見的思想包袱便是「事事關己」或者「強加責任」，他們很多時都將他人的問題及需要均視為自己有責任去解決或提供幫忙，即使別人沒有提出。

他們對於推卻別人的要求，會感到很不好意思，害怕令人很難受，甚至因而破壞了和諧的關係。他們將很多事情都由自己親手去處理，結果弄至自己身心俱疲。如果沒有得到適當的處理，他們也毫不察覺自己的問題存在，這樣他們的情緒便會發展到更差地步。

其中一些幫助他們卸下思想包袱的方法，便是協助他們明白自己的慣常的思想包袱，並且讓他們思考所要負的責任到底是要怎樣的。原來很多人對自己不自覺地設下了要求及期望，卻沒有細心想想箇中的意義並對自己及別人有多大的影響，又是否真的要如此做。

例如上述提到負上照顧家人的責任，除了我們認為在金錢方面能夠令家人減少生活困難或擔憂外，還有甚麼是父母所看重的？ 很多父母都表示希望子女健康、快樂；他們可以陪伴、問候及關心自己等。這些都是組成照顧家人的責任，而不是單一在金錢方面。所以多提醒自己去想想對方的真實需要是甚麼，而不用盲目地去給予自己認為最好的。

另一方面，怎樣才算是負責呢？ 是要親自去完成還是可以由合適的人來分擔去完成，也可以算是負責呢？「事事關己」的人責任感太重，認為自己沒有親力親為去做，便是不負責任

青少年篇

的表現，便會產生一份內疚感。其實當我們仔細去發現，將所有的責任中，分割出一些部份，讓不同的群體如親人、朋友、同事、鄰居、服務機構團體等都可以一起參與，反而是更有效益地去提供照顧。善用不同能力及經驗的群體來協助，其實對家人都是受惠的。攤分了的責任並不代表是不負責任，而是多了一些讓自己喘息的空間，不至於獨力難撐、孤軍作戰，才可以長時間地肩負起照顧的責任。何不嘗試發掘一下其他可以分擔照顧責任的人選呢？

如果你發現自己有可能建立了思想包袱，可以不妨多與身邊的家人朋友分享自己的想法，彼此作出交流；這樣你才會容易涵蓋不同的思想角度，培養自己對事物看法更廣闊與具有變化性。或許你羞於跟別人分享，害怕別人對你有負面評價，你更需要踏出這個思想的框框，去發現別人的想法跟你的可以很不相同，也有很接近的擔心，你對他人才能建立起信任。若你能走出這一步，不再劃地自限，相信你得着的是對自己的人生有更大開拓，有更健康的成長路。

睡眠與青少年身心健康

黃南輝
前社區教育部教育主任

睡眠的功能

睡眠是日常生活中不可或缺的部份，佔了人生超過三分之一的時間。至於睡眠所發揮的主要功能主要大致可分為三方面：

1. 恢復功能——睡眠，特別是深層睡眠令疲累的身體得以休息及恢復，損耗的精神和精力重新得以補充，為新一天的生活儲備足夠的能量。

2. 生長及保護功能——在睡眠中腦下垂體會分泌生長激素促進造血、造骨及新陳代謝等效能，而睡眠階段中的快速眼動期（Rapid Eye Movement）則會激發大腦的發展，這些對正在發育成長的青少年十分重要。此外，我們的免疫系統包括製造白血球、病毒抗體以及肝臟的排毒工作等，亦是在睡眠中運作得最理想。

3. 提升認知能力——在睡眠中的快速眼動期有助鞏固有用記憶、激發創造力及重整知識的效能，這些效能對青少年的學習及解決問題能力的發展十分重要。

青少年篇

睡眠問題及影響

下列九項陳述可以判斷青少年是否有睡眠問題：

1 很不容易入睡（超過一小時都無法入睡）。

2 在晚上醒來後，無法再入睡。

3 因為煩惱太多以至於無法放輕鬆。

4 雖然整晚都睡着，早上起來還是很累。

5 有時會害怕閉上眼睛及睡覺。

6 太早醒來。

7 無法入眠時會感到煩躁。

8 早晨醒來後會覺得僵硬及疼痛。

9 覺得整晚都在做夢。

上述九項中只要經常出現一項或以上即表示有睡眠問題。睡眠問題不單令青少年終日感到疲累及容易生病，情緒變得暴躁或沮喪，壓力亦會有所增加。此外，認知能力包括記憶、專注及執行能力會下降，影響學習。如果家長發現青少年有長期或嚴重的睡眠問題，不要自行處理如購買安眠藥給子女服食，須尋求專業協助，找出導致失眠問題的成因然後對症下藥。對青少年來說，睡眠問題可能是抑鬱、焦慮及壓力等心理問題的徵兆，不能掉以輕心。

如何改善睡眠問題

1. 為青少年安排穩定的作息時間，每天睡眠或起床的時間不宜經常變動。

2. 鼓勵他們日間多做運動，但睡前半小時則不宜做劇烈運動。

3. 睡前半小時適宜做一些較輕鬆的事情如看書、散步及聽音樂，避免上網、看電視或做一些可能牽動情緒的事情。

4. 睡前不宜飲用一些刺激性飲料如可樂、咖啡及茶等。

5. 保持舒適的睡眠環境：寧靜、清潔、光暗及濕度適中、空氣流通等。

6. 當睡不著時，做一些鬆弛練習如呼吸鬆弛法或會有助入睡。

青少年篇

培養好習慣　解失眠魔咒

梁凱怡
社區教育部教育主任

很多人有過失眠的經驗，有些人以為整夜無眠才屬於失眠，但難以入睡、半夢半醒、過早醒來也屬於失眠問題。偶爾失眠，身體還能應付，不必太過擔憂；若長期失眠，便會大大影響生活質素。

跟一位年輕人聊天，她有點懊惱地述說遇上失眠困擾，每晚躺在床上總是思潮起伏，輾轉反側。即使成功入睡，也夢境連連，像未曾深睡，導致翌日精神欠佳，上課難集中精神，課後溫習也無法牢記。黑夜來臨，「快點睡吧！」像成了她每晚的魔咒。

很多時候，失眠只是一個表徵，提醒你生活狀態失去平衡，需要作出調整。像這位年輕人，她喜歡在深夜溫習，尤其考試期間特別愛「開夜車」，更會喝上幾杯咖啡提神，久而久之，打亂了原有的作息時間，考試過後也難以回復。

調查顯示，越來越多學生面對失眠問題，且有年輕化趨

勢。要重建優質的睡眠品質，當然要找出導致失眠的癥結加以改善，同時也不能忽視良好睡眠習慣的重要性。

首先，要建立規律的作息習慣，定時起床及睡覺。我曾接觸一些住在大學宿舍的學生，他們表示晚上的生活才是最多采多姿的：結伴打機、邊吃夜宵邊看電視、促膝夜談，接近黎明才小睡片刻，或直接前往上課。偶爾希望提早入睡，卻毫無睡意，夜不成眠。可以想像長期在這種狀態下學習，對身心也會有影響。尤其本來已受失眠困擾的年輕人，混亂的作息時間會令睡眠問題更嚴重。若要改善失眠情況，可以建立一個固定的作息時間，待生理時鐘適應後，每到睡眠時間便自然湧現睡意。

青少年篇

有些學生有午睡的習慣，喜歡在午飯後伏於桌上小睡，為自己充電。然而有失眠困擾的學生，若在日間小睡時間太長，或午睡時間太接近晚上睡眠時間，便會令他們在正常睡眠時間失去倦意，久久未能入睡。因此盡量減少在白天小睡，以免令晚上難以入睡，翌日又精神不振，造成惡性循環。

　　過份勞心的事情會影響入睡，因此建議在睡前維持輕鬆心情，即使翌日要考試，也不要把考題帶到床上，聽聽音樂、做些呼吸練習，甚至將擔憂與難題寫在紙上，將緊張心情驅除才入睡。

　　睡前過度飲食、喝含咖啡因的飲料、過度疲累、受嘈音與光線影響等，也是一些造成睡眠障礙的因素。重建良好的睡眠習慣需要有耐性和堅持，假若無法從上述方法中改善失眠情況，建議向專業人士尋求進一步之意見。

疫情下青少年精神健康的需要

潘一新
心理輔導員

新型冠狀病毒病（COVID-19）疫情不但影響社會經濟，亦對大眾的精神健康帶來影響，故近年市民對精神健康服務的需求不斷增加。

在疫症爆發至今，到中心求助的人數比過去同期增加不少。根據 MindHK 所做的調查結果顯示，有六成的受訪者對未能與不同住的家人、朋友或伴侶見面而感到影響精神健康，並對家人或朋友或受到感染而感到焦慮。可見疫情對大眾的精神健康有一定的影響。

在持續抗疫的過程中，市民容易感到心靈疲累，一方面對難以預測的疫情感到擔心，另一方面未能有適當的途徑放鬆，所以令人的精神狀態容易變得蹦緊。而間歇的停課安排，亦對兒童及青少年的社交發展有不少影響，長遠有可能會影響他們的自主性。在停課初期，學生們或會感到開心，因為不用上課、課堂時間變短或功課量減少。但一段時間過去，部份青少

青少年篇

年會感到沉悶，因為沒有機會與朋友交流相處，亦減少可活動的空間及時間，這對他們的身心發展帶來負面的影響。

有時亦因成年人的防疫措施及反應行為，有機會引發兒童或青少年的焦慮反應，令他們變得退縮，不敢外出，甚至出現強逼反應，如不斷洗手或懼怕不潔的物品，持續的不安感，令人亦變得暴躁。所以在疫情下，除學習以外，亦需關注兒童及青少年的精神健康，以下有不同的方法可助青少年面對他們在疫情下所出現的焦慮感：

建立規律生活

因着疫情的變化，原定的生活的計劃都被打亂，若能為自己定下規律的生活習慣，依時作息、玩樂及學習，規律的生活習慣亦有助人感到穩定及有安全感。

學習靜觀

靜觀（mindfulness）有助我們調節情緒，不易因負面的情緒及想法而影響情緒，不同的研究都顯示靜觀能有助減輕抑鬱及焦慮感，亦有助我們體會幸福、放鬆的感覺。

憂慮與現實

焦慮是情緒的一種，有時我們誤把焦慮的感覺當成現實，從而把一些現象災難化。我們需要仔細檢視有關想法，細心分析，如事情是否一定如我所想般差？我這想法，是否有證據支持？當我們能冷靜分析，有助減少焦慮感。

保持社交

若長期留在家中，不與人接觸，容易令人變得鬱悶。其實透過科技的幫助，即使在疫情中，我們仍能透過視像通訊，與至親好友保持連繫，有些朋友亦很有創意地使用視像會議通訊程式與朋友一起食火鍋，雖不能直接見面，但也能與人共渡快樂時光。

與人傾訴

與明白自己的人傾訴，可以有效緩和焦慮不安的感覺，人天生的傾向便是渴望被理解與接納，所以在感到難受時，不妨致電朋友或輔導熱線傾訴你的擔心。

青少年篇

資訊求真

在疫情爆發之時，我們很容易接收到不同的資訊，當中的內容或會挑動我們的情緒，而當中的內容其實有真有假，若我們不細心分辨求真，很容易讓我們陷入不必要的不安之中。所以當我們收到資訊時，需要先確認有關來源是否可靠可信。

接納焦慮

接納與陪伴自己的焦慮感，嘗試聆聽焦慮感的需要，它是需要有人陪伴或是需要休息？當我們能滿足它的需要時，我們才能從焦慮中釋放出來。

活用
正向心理學

正向心理學

江偉賢博士
臨床心理學家

正向心理學的起源

早在 1998 年，前美國心理學協會主席塞利格曼教授是首位提倡正向心理學的心理學家。他指出心理學的根本，應該是助人發揮潛能、生活愉快、以及處理心因困擾，但因二次世界大戰帶來的鉅大傷痛，讓心理學家全力投放資源於研究各種精神疾患，貢獻世界。然而戰亂平息後，心理學已經變成以治療為目標的學說，所以塞利格曼認為現代心理學家應該肩負起提升大眾心理健康的責任。

正向心理學研究　並不馬虎

心理學是一門科學，所以研究人員展開了很多嚴謹而有趣的心理學實驗，試圖了解正向的心理究竟對人有甚麼好處。例如一個研究項目嘗試找出怎樣的「開心」對人的幸福感有最大的提升，結果發現開心的頻率比強烈程度對人的情緒有更直接

的幫助，而且往往因為有比較，太強烈的開心反而會令人在事後難以感受到小事情本身應有的喜悦。具體來說，與其在情人節絞盡腦汁，不如努力經營一點小確幸，更能持久享受幸福的味道。又有另一些研究探討究竟負面的事情還是正面的事情對人的情緒影響比較大，結果不出所料地顯示負面事情造成的情緒較強烈，且需要較長的時間回復。但問題是要多少正面的情感才能抵消負面情緒的影響呢？答案原來正面經驗平均要是負面經驗的 2.9 倍。較多的正向情緒會讓人有更好的社交生活、有更好的健康，而這些正面因素又會讓人的正向情緒提升，令好變成更好。

活得幸福 也是人生的功課

　　了解到正向心理學的初衷，以及成千上萬研究中的一小部份，大家便會知道它根本不是用來醫治情緒問題，而是旨在提升人的生活質素，助人了解如何可以活得幸福。總結而言，正向心理學就像是心理衛生的維他命。它不但能加強健康，更可以成為負面情緒的緩衝區，提升我們的抵抗力。然而，當一個人的心靈生了病，我們當然不能一味派送維他命，相反，我們要找出痛苦的根源，正面面對，解開心結，然後才去為自己的心靈錦上添花，迎接生命的一切美好。

青少年篇

「正面陳述」：
講「好話」消負能量

黃南輝
前社區教育部教育主任

甚麼是「正面陳述」？若從正面的角度解釋，是指一些肯定、鼓勵、讚許或者支持性的表達。從反面的角度去解釋，是盡量避免説一些否定、批評、責難性的話。正面的陳述可以是對自己、亦可以對他人説的話。

當遇上緊急事故（例如人際衝突）或重大考驗（例如突擊測驗）時，我們負面的情緒和思想往往會洶湧而至，令我們難以妥善應對。在這種情況下，一些正面的自我陳述如：「停！不要驚恐和擔心，我是有能力解決的。」又或者：「類似情況我以前都經歷過，以前我可以應付，現在都可以！」

這些「正面的自言自語」看似是「阿Q精神」的獨白，卻可以起抗衡負面思想或情緒的作用，令我們保持冷靜及提升自信。此外，當遇上他人較嚴厲的批評或責難時，我們的自信和自尊心難免會受到打擊，心情亦會很差。適當的自我陳述，例

#與青少年溝通心法

160

如：「我不是他説的那般差，有些地方我其實做得不錯，只是他看不到！」又或者是：「雖然我有一些缺點，我亦有其他優點的！」有助保持自尊和自信，減少負面情緒。

我接觸過一些學生，他們認為即使自己表現出色，卻很少獲得父母或老師讚賞。在這種情況下，自我肯定是很重要的，找出做得好的地方進行自我讚賞甚至獎賞，（如：「這次考試盡了全力，成績理想，要和家人一起吃壽司，獎勵自己！」）這不但可以提升自信，令自己心情愉快，更可增加對學習的熱誠及投入感。當然，所謂做得好的地方要有真憑實據支持，而不是憑空捏造，自吹自擂。

正面陳述在人際關係的積極作用就更大，因為所有人都喜歡受到肯定和讚賞，討厭被批評和責難。如果你有一天在課堂上聊天被老師發現，你希望老師對你説：「不許在上課時聊天！以後要留意！」還是：「你以前很少上課時聊天，今天發生了甚麼事情令你忍不住要急於分享？」我相信應該是後者，因為這是一種正面陳述，不但肯定了平時不於課堂聊天的優點，更包含了關懷的態度。無論作為師生或者親友，如果能找到對方的優點或者做得出色的地方，不時加以讚賞，彼此的關係一定會更加和諧。

青少年篇

有人可會認為負面表達有時無可避免，那又該如何處理？例如課室內是不准飲食的，應該如何表達？其實這亦不難處理，例如改為：「如需飲食，請在課室外進行以保持課室整潔」，又例如「你不符合申請資格」可以改為：「如果你有以下的資歷，我們會接納你的申請！」有些老師可能會問：「我的學生有不乖巧的時候，應該如何正面陳述？」如果目的不是為了責難學生和發洩不滿，而是希望他們能有所改善的話，我的建議是：先陳述他做得較為出色的地方，將他做得較差的地方轉為改善建議。例如：「你在準時返學、友善待同學等各方面都表現得很好，但如果在用功讀書上加以改善和提升就更好了。」

尋找生活「小確幸」

曾媚
精神健康綜合社區中心註冊社工

每個人對幸福的定義可能有所不同，由古代的哲學家至現代的心理學家及社會學家，都嘗試了解何謂「幸福」，如何可以達至「幸福」。

多數心理學家指出，「幸福感」等於你對生活滿意情況的主觀認知，也是你對於正向情緒（例如開心及滿足）以及負向情緒（例如憂傷及恐懼）的整體知覺。因此，如果你越滿意自己的生活狀態、擁有越多的正向情緒及越少的負向情緒，你就越能夠感受到幸福。

在上世紀 90 年代末開始流行的「正向心理學」，推動我們從愉快、美好及有意義的角度看待人生，尋找幸福，強調追求正向積極的人生及提升個人的抗逆能力。

人生的壓力和挑戰不容小覷，而學習從正向角度去面對，學習發現及欣賞生活「小確幸」，活在當下，也是個不錯的方法。

青少年篇

「小確幸」一詞來自日本作家村上春樹的短篇散文集《蘭格漢斯島的午後》，後來由翻譯家林少華直譯演化為現代漢語。「小確幸」是甚麼意思呢？其實意指細微但確實的幸福，是當刻的美好，稱為「小」是因為它可能是「小」事物、「小」事情或「小」感動，持續的時間，少則可以是 3 秒，長則可以是一天，卻都能給人有幸福美滿的感覺。

　　你的生活中常常出現「小確幸」嗎？例如在忙碌的一天裏找到空檔時間做喜歡的事、散步時偶爾遇到一條可愛的哈巴狗、與戀人促膝談心兩小時、三代同堂過節聚餐、收拾物件時發現童年時珍惜的玩具、品嚐到美味食物、學習到一種技能……這些都可以是小確幸，最重要的是你能敏銳地發現到這些事情帶來的小小的愉快和滿足感。

　　若果我們能在生活中常發掘到「小確幸」，不斷感受到幸福的感覺，加以累積、珍惜、維繫及將幸福的感覺延長，相信有助情緒的健康，令你擁有更多正向的情緒。今天就嘗試一下尋找你的生活「小確幸」吧！

常存希望感

曾媚
精神健康綜合社區中心註冊社工

　　因為工作關係，我有時會遇到一些大學生或中學生，和他們閒聊時，我最愛問的是兩個問題，一個是「你的興趣是甚麼？」，另一個是「你希望將來做些甚麼？」。和他們討論這兩項話題，能讓我了解新生代的喜好及願望，不至於與世代脫節。可惜的是，我發現越來越多學生對於這兩個問題啞口無言，原來有些青少年完全說不上自己喜歡甚麼或將來想做甚麼，只是日復日地營役，沒有清晰的希望感，也沒有感受到生活裏有多大的憧憬或喜悅。

　　心理學家 Snyder 曾經提出「希望感理論」（Hope theory），指出希望感（Hope）等於人們達成目標的動機，加上達成目標的方法。舉個例子，例如文憑試考生對於大學某些科目抱持希望時，他們多數不會被動地等待，而是會努力，主動尋求考入那些大學科目的方法。

　　根據這個理論，擁有希望感會帶給人們許多推動力。例如

青少年篇

會令學生更努力學習，有研究甚至發現，擁有高希望感的運動員會比擁有低希望感的，表現得更優良。高希望感也能有助身體健康，因為擁有高希望感的人士，會願意做更多預防生病的措施；在忍受病痛的能力，也比低希望感的人士強。希望感亦與意義感相關，擁有高希望感的人士對於未來有比較正向的期待，和人際溝通方面也會比較正面。

話說回來，不但是我觀察到有部份青少年説不出自己的喜好及希望，也有教師反映了這個情況——他們任教的學生裏，有些學生明言感受不到希望，也不知道將來可以做甚麼。令學生缺乏希望感的原因可能非常複雜，例如包括社會過度重視學

生學業成績、學生的視野及接觸面不夠廣等等。

　　作為師長，我們要做的不是去指責沒有目標的青少年，或對他們生氣，而是要盡量鼓勵他們多思考或觀察，了解自己真正喜歡甚麼、甚麼活動可以令自己積極投入，從而推動他們「發夢」──建構希望感。作為青少年，我們可以嘗試多點接觸不同事物，例如參與校外活動、比賽或考察等，讓生活有多點變化。

　　周星馳在電影裏曾經說：「沒有夢想，和一條鹹魚沒有分別！」現實中未必如此誇張，沒有夢想就等於生活如鹹魚般是死的。只是，希望感低的確會令我們沒那麼快樂或沒那麼有生活目標。祝願今天起，大家都學習讓自己擁抱更多希望吧！

青少年篇

常存感恩　帶來喜悅

黃雄基
職業治療師

　　感恩是放眼當下，欣賞生命中的今天，尤其是生活中的美好，並思考美好的一切從何而來。

　　研究發現時常感恩可使人更快樂和有動力。一個實驗把參與者分為兩組，要求其中一組列出五項感恩的東西，可以是人、事情或物品，每週進行一次，為期十週。另一組則需要列出五項生活中的困難或該星期發生的大事。結果顯示，每星期感恩一次的參與者比較樂觀，也更滿意現在的生活，身體毛病也比較少。

　　為甚麼感恩會帶來這些好處？內在方面，時常感恩使人更能夠細味生活中的正面經驗，讓這些經驗帶給人最大的滿足感和喜悅。此外，感恩使人專注於自己的成就、優點或別人如何在大大小小的事情中幫助自己，從而增強自我價值感和自尊感，相信自己有能力和被愛。

　　時常感恩的人會較少刻意和別人比較。如果我們真誠地為

所擁有的感恩，滿足於現在的事業、學業、錢財和家庭，自然不會那麼介意身邊的同學或朋友是否比我擁有更多。

外在方面，向別人表達感恩有助建立社交聯繫，強化現有的關係和培養新關係。

如何建立常存感恩的習慣？ 正如早前提過的實驗，每星期花數分鐘回想一下三至五項生活中的好東西，例如達到了甚麼目標、遇到哪些好人好事、發現自己的哪些優點、新學的知識、愉快的體驗、別人幫助了自己甚麼等等，細味當中的細節，重溫其中的正面感覺。

另外，我們可以把這些感恩的想法寫成一封信，仔細地加以描述，也可以把這些感恩信收藏起來，在失意時重溫，鼓勵一下自己。我們也不妨把感恩信寄給想道謝的人，讓他知道你對他的感恩之情，對大家都有好處。

常存感恩可以有很多方法。如果某種方法漸漸變成例行公事，可以轉換另一種方法，或者每星期用不同的方法表達感恩，重點是保持新鮮感和好奇心，細味生活中的好人好事，為此而感恩。

青少年篇

越幫人　越快樂

黃雄基
職業治療師

　　小時候，父母常說要樂於助人。在學校，老師教我們助人為快樂之本。長大後在教會聽牧師講道，也常聽到施比受更為有福。這些老生常談的道理相信很少人會反對，但其實助人是否真的會使人快樂？有沒有科學根據？近代正向心理學的研究顯示，這些道理有一定支持。

　　一個關於助人的實驗要求參與者每週做五項幫助別人的事情，為期六週。其中一組參與者可以選擇在一星期內任何時候幫助人，另一組則只可以在一週的其中一天內完成五項助人的行動。助人的事情不限，大小事均可。受助者可以是同一人或不同的人，他們也可以知道或不知道誰曾幫助他們。參與者逢星期日晚需要記錄過去一週的助人行動。各式各樣的助人行動都有，包括捐血和探訪老人院。研究結果顯示，參與者完成六星期的實驗後，快樂指數顯著提升。研究員解釋可能因為幫助別人時，我們更能意識到自己擁有的幸福，或在助人的過程

中會更注意別人的需要、不幸及困難，從而暫時忘記自己的問題。助人也許會改變對自己和別人的觀感，覺得自己是一個滿有同情心的人，自我感覺良好。同時，我們對別人也許會更仁慈，認為別人的困難只是不幸，而不是過失所致。

有趣的是，以上的實驗中，只有一天內完成五項助人行動的一組參與者，快樂指數有明顯的提升，另一組卻沒有。每天做一項微小的助人行動可能是多數人都會的，亦不會在意。這樣看來，如何助人是重要的。

若要從助人獲得快樂，特別選一天去做一些新的或特別的行動會比較有效。多樣化也很重要，不時改變助人的對象和方式，有助保持新鮮感。最後，如何助人是要花心思的。從前，一位老人在街角賣菜，但菜看來品質欠佳，無人問津。一對母女卻買了五斤菜，讓老人喜出望外。然而，這位母親回家後卻把菜丟掉。於是，小女兒問她剛才為何買這些菜。母親回答說：「如只給錢那老人，他有錢卻少了自尊。我幫他買菜，他便有錢又有自尊了」。

171

捨學業至上　增自我認同

余利玉
精神健康綜合社區中心註冊社工

　　早前與幾名大學生坐下來聊天，分享有關「青少年的壓力」議題。席間談到現今青少年是否脆弱，在座的同學們都不約而同認為他們並非脆弱，而是他們這一代事實上要面對的心理壓力比起上一代人沉重得多！

　　會上各人紛紛舉例說明，我亦踴躍參與討論，過程中感觸良多！以往老一輩的人雖然也會望子成龍，但對於子女的學業成績沒有那麼緊張，更不像現時家長那樣多的鞭策與督促！那時候可以入讀大學的只是少數，大部份父母對子女的期望只是有份工作，可以幫補家計，分擔家庭重擔。

　　現今教育制度下的精英制，以學業成績定義成功的文化思維，父母對子女的高期望等，都令小朋友自幼被訓練成要有力爭上游的心態。各種因素互相影響，造成一個惡性循環，現時學生承受沉重的壓力可想而知！就如其中一個學生所言：「現今的青少年如果取不到入讀大學的資格，就似乎沒有前途可

言。」更可嘆的是現時不論是成績處於上游，成績中等或較差的學生亦同樣深受壓力之苦！

在分享的過程中，我很欣慰聽到其中一名學生的表達：「這一代青少年都在努力尋找自我認同！」根據心理學家艾力遜的心理社會發展理論：青少年正值是角色認同發展的重要階段，這段時間他們若能夠增加對自己的了解，認清自己人生方向，他們會較順利通過成長中遇到的種種困難。若發展未如理想，很容易在成長的過程中迷失自己，以致產生各種的壓力與困擾！

青少年篇

我認為青少年的自我認同與他們能否肯定自我息息相關，青少年如果可以發展自己的強項或潛能，會有助提升他們整體的自尊與自信。不只是在盲目追求成績，人生道路的選擇上會更多更廣！事實上，青少年有很多潛能未被發揮。不論是父母、老師、青少年工作者，以至整個社會，若能協助他們發掘潛能，找尋人生方向，對他們的成長絕對是十分重要。請大家不要再將目光聚焦於他們的成績上，讓他們有個空間喘口氣。也找個時間與他們談談天，了解他們的心聲。加強他們的自我肯定更為重要！

　　每個青少年在成長的過程中，都會遇到困難挫折，希望青少年們能勇於面對，跨過重重壓力挑戰，最終能達致自我肯定！

樂觀的心態和盼望

楊志華
精神健康綜合社區中心註冊社工

　　一個人對前景能否抱有樂觀的心態和盼望，主要由三種元素所組成：個人、家庭和社會。

　　個人方面，若以學生為例，他在學業、品行、課外活動與同學相處等多方面都曾有較暢順的發展，他會對自己的能力較有信心，而且對未來的挑戰，亦持勇於嘗試和屢敗屢戰的態度。當然，短暫的挫折感是無可厚非，但整體而言，在學校裏有正面經驗的學生相信：「只要我願意付出努力和時間，問題是可解決的。」由此可見，年輕人若然對自己的能力和弱點有深切和如實的認識時，加上逐少逐少地向難度挑戰，加上事後檢討成敗因由，調整策略、再接再厲。這能有效地提升年輕人對日後面對困難時的自信心。

　　家庭方面，尤其是小學生的家長應特別注意。須知一個人的樂觀感是在嬰童時與母親或主要照顧者的相處時建立的。著名發展心理學家 Erik Erickson 在 1965 年已指出，「對未來有

175

青少年篇

盼望」是嬰孩在零至十八個月大時須確立的，因為在這成長階段，嬰孩全無自理能力。他只能完全依賴照顧者照顧。若然照顧者能對嬰孩的食、身體冷暖、睡覺等基本需要做得比較妥善時，該嬰孩便逐漸對未知的未來抱有「信賴」、「安全」和「正面」的感覺。這對小孩往後發展非常重要。即使父母在嬰孩「關鍵」期錯失了助子女建立樂觀態度的良機，也不用太擔心，因小孩在小學和初中期間，與父母的相處和接觸都仍然緊密。因此，父母仍可在那時嘗試給予子女多些鼓勵和支持，令他能透過每次的小挑戰而建立信心和能力。同時，父母亦要給子女實質的支持，令他可再次信任父母會在他需要時幫助他，不用經常單靠己力面對所有困難。

社會方面，包括教育制度、升學及就業機制、工資和外勞輸入政制、打擊樓市高企政策、醫療保險制度、全民退保政策等，無一不是與普羅大眾的生活是否安定和樂觀有關。若果我們只講個人和家庭應該做甚麼，而忽略現實和客觀的社會環境，那麼我們只將永無止境的壓力推在個人和家庭之上。這樣不但沒有解決問題，反而製造了更多的個人和家庭的壓力和社會問題。

總括而言，如果可以從個人、家庭和社會三方面互動的角度去提升「個人盼望和樂觀感」，相信是較為全面和有效。

青少年篇

欣賞與讚美

曾媚
精神健康綜合社區中心註冊社工

有位朋友曾經告訴過我這個故事：她讀大學的時候，一次因為舉辦活動，她與一些製作公司工作人員在大學禮堂後的預備室，準備幕後工作。由於時間很長，在等待期間，他們就談起天來。談笑之間，其中一位工作人員突然由衷讚賞我這位朋友：「啊！你笑起來原來有一個酒渦，好可愛，好像天使！」這個簡單的讚美，令我的朋友即時心花怒放，甚至至今事情已過了幾年，她仍歷歷在目。

朋友說，因為自己樣子平凡，一直以來很少獲得別人的稱讚，而她當時感受到那位工作人員是衷心稱讚及認同自己，並非場面話，故此她至今仍難忘。每次想起這件事，仍會覺得有一絲絲的溫暖，感受到世界上也有人認同她是長得可愛的。一句如此簡單的讚美，竟然可以為一個人帶來自我認同及鼓舞，可見欣賞別人的讚美話力量之大。

作為精神健康教育工作者，我們常常會去不同學校分享有

關促進個人正向思維的信息。我發現，也許因為社會互相批評的風氣太盛，部份青少年們也受到影響，互相之間不太會懂得欣賞或者表達欣賞。友儕之間，比較容易互相取笑、調侃，大家說的話都充滿批判性。當然，青少年互相說笑的場景往往是愉快、幽默或感受友誼增長的必然方式，只是也有些人其實在過程裏感受着笑話中的刻薄，有被傷害的感覺，卻不會或者不敢說出來，反而造成了內心的傷口。

對他人多說一些衷心的欣賞及讚美，正如我在前文分享的個案一樣，可以有許多好處，例如有助即時的彼此溝通、增加對方的自信、增強彼此的正向思維、增加好感、促進長遠的人際關係等。

在此鼓勵各位，多點欣賞身邊人、多些口出善言，相信一段時日後，你一定可以感受到欣賞及讚美他人帶來的好處。

青少年篇

專注當下　體會生活美

曾媚
精神健康綜合社區中心註冊社工

在香港，朋友或家人相聚吃飯時，你可能總會發覺有人並不專心用餐，常常聊幾句、吃兩口飯，就拿起手機玩或發短訊。但去日本旅行時，我卻經常留意到，即使小朋友尚年幼的四口之家，在餐廳裏吃飯的時候，他們都只專注吃飯，並不會玩手機，甚至連交談也不太多。連三、四歲的小孩也可以安靜地坐在桌前，令我不禁嘖嘖稱奇。

也許香港人被都市緊張的生活「教育」到要同時間進行多項任務（multi-tasking），甚至認為越能同時間處理到越多東西，就等於能力越高。在工作或學習方面，我們都過於推崇同時間進行多項任務，卻忽略了原來這正是大量增加我們的壓力感、減低效率、甚至有機會導致情緒問題的原因之一。許多人都不知道，原來專注當下，其實有助我們工作或學習效率、平靜情緒，甚至有助大腦的健康。

外國一些醫學研究人員發現，時常練習「靜觀」

（mindfulness），即是「專注當下」的活動，有助協調大腦不同區域，例如大腦的前扣帶迴與自我調節有關，有助壓抑不適當的下意識反應，減少衝動和不克制的攻擊行為。另一個大腦區域——海馬迴則與人的情感和記憶相關，也是「專注當下」的受惠區域。

專注當下原來有那麼多益處。且不說專注如何影響了腦部或情緒，其實，單單是身體健康、人際互動等方面，「專注」也一定能帶來許多好處。就上文提及吃飯的例子來說，如果我們能專心咀嚼吃飯，就能感受到食物的味道，對於胃部消化當然更理想；而放下手機或其他事情，專注在膳食及餐桌上的人際互動，可以讓彼此更投入對話、更感受到被尊重及重視、營造更理想的人際關係。

即使科技如何發達，希望我們不是被智能手機牽着走，每分每秒都追追趕趕，而忘了體會每一刻的生活之美。讓我們更多學習全神專注在當下吧！

青少年篇

放下急促步伐　體驗生活之美

梁凱怡
社區教育部教育主任

　　大自然的景色隨着季節而變化，大家曾否細心留意過當中的轉變？常說香港是一個生活節奏急速的地方，處理事情像變成一個競賽項目，處理得越快、越多便能在比賽中勝出。因此雙腳在走路的同時眼看着手機回覆信息、嘴巴回應電話的同時眼睛在閱讀文章。在這樣的生活中，很多人已習以為常，漸漸地，也將自己訓練得越來越能在比賽中取勝。

　　我每早上班也會經過一條街道，兩旁長滿大樹、矮木。因為這條內街並非連接主要道路，途人很少，經過的路人除了是附近的住客，更多的是帶狗散步的街坊。

　　春天伊始，途經這條路，樹木上長出翠綠的嫩芽，矮木上開着艷紅的花，經過雨水的洗擦，花瓣被打落地上；夏日來臨時，大樹上懸垂着長長的豆狀果實，果實的重量將樹枝也墜到伸手可及的高度；秋風吹來，乾枯且變黑的果實也掉落在地上，葉子變得枯黃，隨風吹散到地面；天氣轉冷，寒風一陣又

一陣刮面而過，舉頭看過去，樹木更覺疏落凋零。

　　大自然的變化，看似是定律，但有沒有想過，當中也會找尋到新發現？角落裏聳立着一棵有其獨特生長節奏的大樹。炎夏臨近才長出灰黃色的葉片，寒冬時黃葉越發茂密，陽光照得閃閃發光，待春天接近，並沒有長出綠葉，樹上只餘下禿禿的樹枝。這意外的發現，讓我驚嘆人自然裏充滿着各式的生命力。但在實際生活中，我想很多人也未曾駐足欣賞過。

　　無論生活如何營營役役，花開花落依舊在我們身旁出現，關鍵在於我們如何能夠看得見。阻礙我們看見的因素有很多，其中一項是我們將感受美好事物的五官屏蔽了。我看見的是一片綠林，你看見的是昨日與同伴吵架的畫面；我聽見的是葉片摩擦的沙沙聲，你聽見的是昨天被罵的一句「笨蛋」；我嗅到的是雨後的泥濘味，你嗅到的是昨天爭執得臉紅耳熱時傳來的汗臭味。

　　讓五官尋回應有的感受，首先要將雜念拋開，把目光放回在眼前的事物上，讓自己能「活在當下」。「活在當下」不只是一種心態，也是一種生活方式，讓自己在勞碌奔波的生活中尋回一刻安靜。

　　你今天有為五官尋找一刻安靜嗎？放下手上的事物，去感受一下吧！

青少年篇

如何
交友

朋友大過天　相處有學問

蔣君香博士
臨床心理學家

　　香港學童生活壓力大，經常要兼顧不同的學習及活動，同時亦要學習處理各種生活課題，包括人際關係、朋輩相處等。由於學童整天大部份時間也在學校裏，學校的人亦成為他們生活中的重要部份，朋輩相處對學童來說也是一門學問。對於朋友的概念，小孩子一般早於入學前已開始感受到與年齡相近的人相處之樂趣，而朋友的重要性，亦會隨着孩子的成長，尤其步入青少年階段後，變得越來越重要。

　　為何對青少年來說，朋友會如此重要？首先，青少年在學校有多幾位要好的朋友，遇到問題或被人欺負時，也有較多支援。而且朋友多的青少年，也較少機會成為被欺凌的對象。另外，朋友之間可以互相分享感受，讓青少年有更多機會學習給予他人情緒支援。青少年於學習維繫朋友關係時，也能體會到何謂合作精神及人與人之間的信任。

　　由於朋友在青少年的生活中有着重要的位置，朋友之間

的交流往往會互相感染，好像朋友的一些生活習慣、喜好及對於不同事物的價值觀等，也會因着朋友間的交流互相影響。情緒亦是如此，朋友之間的情感交流令他們特別容易被對方的情緒所影響，開心時會一同開心，難過亦然。而每當情緒被牽動時，青少年便要學習如何分辨，才可選擇合適的方法去處理。例如朋友的不愉快是否因我而起的呢？我又可以怎樣做才能幫助朋友處理這些感受呢？

有時候當朋友之間出現矛盾或衝突時，青少年也會感到困擾，亦可能不知道該如何處理。面對朋友之間的不愉快事情而覺得無法處理，有些人會選擇逃避，甚至孤立自己去避免更多問題發生；有些人會做出一些魯莽的事或用言語傷人，但事後又會感到後悔。久而久之，朋友間未能處理的問題會令青少年失去友誼，更可能會對他們的自尊自信造成打擊，或對別人失去信任。

因此，學習以合適的方法處理朋友之間的衝突對青少年而言很重要。其中最重要的便是學習如何有效地與別人溝通和表達自己的感受，青少年可多嘗試表達自己的想法和感受，及澄清他們對別人的理解，以消除不必要的誤會。另外，學習多理解別人的需要和感受也十分重要，青少年可學習多從別人的角

青少年篇

度出發，想像假如自己是對方會有何感受及需要，這樣便能更有效地於處理衝突時找出大家都接納的方案。最後，當對方的問題及需要超出了自己現時所能夠應付的範圍時，青少年便要學懂該何時尋求他人的協助，而不是勉強自己去解決。

溝通與關係建立

香港心理衞生會社區教育部

一段紀錄了哈佛大學醫學院教授 Robert Waldinger 於去年底公開演講的 15 分鐘 Youtube 短片，最近被廣為傳播。全球至今共 25 萬人曾觀看過該短片，並且都被他演説的研究發現所震撼。

Waldinger 及其前人總共四代學者花了七十五年，進行史上最長期的「幸福感」研究。他在演講中分享，該項研究由 1938 年開始追蹤共 724 位研究對象。研究團隊每年均詳細收集他們的工作、生活、健康等狀況，至今甚至擴展研究對象至當年受訪者的二千多名子孫。檢視過七十五年來累計數十萬頁的訪談與醫療記錄，Waldinger 團隊終於歸納出研究結果——真正能令人維持快樂及健康的秘訣，是擁有良好的人際關係。

他指出研究結果的三個要點：

1. 活躍的社交生活有助保持健康

青少年篇

孤獨感對身心均有壞處；若我們並非自願地感受孤獨，則容易不快樂，到中年時更容易出現身體機能提早衰退的問題，甚至容易早逝。相反，擁有活躍的社交生活，例如常與家人、朋友及社群聯繫的人士，則身心較健康，也會比較快樂。

2.「知心關係」重質不重量

研究發現，人際關係最重要的是「質量」而非「數量」。強烈衝突的關係對人的健康有負面影響，而良好關係則有助我們保持健康。

另外，最影響 50 歲長者未來健康情況的關鍵，並非膽固醇問題，而是他們對當下人際關係的滿意度。即是：若我們在 50 歲時能擁有最高的人際關係滿意度，再過三十年，到了 80 歲的時候，我們將會是最健康的一群。換言之，親密美好的關係，可以減低老化帶來的身心衝擊。

3. 美好關係保身、心、腦

年老時感受到尊重及信任伴侶，不但對身心有益，甚至有助保留腦部健康。年逾 80 歲的長者，若感受到有能夠依靠的對象，能更長時間地保持清晰記憶力，反之，則可能面臨記憶力的提早衰退。

你是否認同上述研究的發現呢？無論如何，良好的人際關

係可以令我們感受到快樂及幸福，今日起，是時候檢視你的人際關係了吧？

　　有興趣觀賞該短片的朋友，可參考： https://www.youtube.com/watch?v=q-7zAkwAOYg

青少年篇

幸福方程式：良好親密關係

江偉賢博士
臨床心理學家

人的一生，匆匆數十年，不長也不短，也許很多人每天為餬口奔馳，民生問題、經濟問題、住屋問題，每天只是處理眼前的事情已經耗盡心力，或許有時間回過頭來看看人生，已經青春不再，那時候才猛然發現，不知從何時開始，忘記了去思考一個最值得思考的問題：我的人生希望怎樣過？

研究幸福

幸福，摸不着看不到，說起來好像有點抽象，但每個人生命中或多或少都總會有那麼一點時間感覺到幸福。這種美好的感覺誰也想留得住，於是人更加會追求好一點的生活，甚至願意忍耐着暫時的苦澀，渴望換來將來的美滿。但究竟我們每日做的事情，是令人過得更快活，還是活得更痛苦？這個問題從來都沒有結論，但心理學以科學方式研究幸福的秘方，一個長達七十五年無間斷的研究，似乎得出了答案。

早在 1937 年，哈佛大學的心理學家找來 724 名歲的年輕人，其中一半是來自哈佛大學的畢業生，另一半則是來自波士頓的貧民區，並追蹤他們的一生，紀錄他們的家庭、事業、朋友等，到現時在生的參加者大部份都已經九十幾歲了。他們有的做了律師、商人，甚至有一位更曾成為美國總統，但研究結果顯示，無論是職業、收入，還是社會階層，通通都跟生活美滿沒有重要關連，而唯一能反映一個人是否活得幸福，就只有良好親密關係的程度。

親密關係的好處

研究中提及，親密關係可以是朋友，情人，或是家人。親密關係並不需要多，反而是重質不重量。擁有這種關係的參加者，不單止生活歡愉，而且較多擁有健康的身體，較少得到長期疼痛，而且有助減慢記憶衰退。

或許每個人的內心都有脆弱的一面，倘若在某些親密關係的人面前，我們可以安全地卸下鎧甲，把最軟弱的一面全無保留地展現出來，同時享受着被接納的感動，也許這種就是幸福感了。

然而親密關係是需要維繫的，每天百忙之中你又會願意抽多少時間給身邊重要的人一句問候、一份禮物、或者一個暖暖的擁抱？

青少年篇

如何減壓

5R 減壓妙法

梁凱怡
社區教育部教育主任

有些人以為「壓力」一定是壞東西，但適度的壓力，能推動個人進步、避免危機出現。考試前夕，自修室總會聚滿學生；夜深歸家，必會提高警覺，這便是「壓力」所帶來正面的好處。

各個人生階段也會面對不同的轉變，轉變會帶來壓力。青少年時期是一個新階段，從升上中學開始，便需重新適應新同學、新老師、新學習模式；直至高中後，又要準備公開試。面對新階段的連串任務，有些人能安然接受這些挑戰，但也有人會感到迷惘，身心不得舒展。

適度的壓力能為人們帶來正面影響，但當壓力過大，身心便會響起警告信號，提醒你是時候停一停、鬆一鬆，否則會造成身心影響。常見的警告信號包括感到疲累、腸胃出現問題、情緒易起伏、失眠、學業表現下降等。

常有人問「我感到很大壓力，也嘗試過不同的方法減壓，

但完全沒用，到底怎樣才是有效的方法？」在這裏向大家介紹以下的 5R 壓力管理方法，透過不同方面來減輕壓力負擔。

第一個「R」是 Reduce （減少壓力源）。壓力可以來自很多方面，包括學業、人際相處等，雖然我們未必能夠減少課業數量，但也可以嘗試從其他方面入手，例如功課上遇到難題，可以請教老師或同學，不要把所有難題都扛在身上。另外，也要減少密度及持續度。減少密度是指避免同一時間處理多項事情，例如邊溫習測驗內容、邊檢查電郵、邊處理當天功課，這樣除了容易分心，也會讓自己感覺很忙，忙亂時容易出錯，降低效率，也會增加壓力。減少持續度是處理事情的時間不要過長，適時應休息一下。

第二個「R」是 Release（釋放壓力）。嘗試每天參與一些令自己開心的活動，與人傾訴心事、打一場球賽、看一場電影、聽一首好歌等，保持個人的興趣能讓我們暫時放下讓自己感到有壓力的事物。

第三個「R」是 Rethink（多角度思考）。當面對困難時，我們容易將焦點放在那些苦惱的細節上，而忽略了其他角度。「今次測驗不合格，溫習多日也是這種成績，我很差勁！」有沒有其他因素影響這次的成績？會否是這次的考題難度深了？

青少年篇

其他同學的成績如何？有否足夠的時間溫習？轉換其他角度思考，會讓你的心情與壓力都隨之改變。

第四個「R」是 Re-organize，即是「重新排序」的意思。我們常常覺得壓力爆煲，有時候是因為自己太重視學業或事情的結果，而其實除了學業以外，還有很多事物是值得我們在意，例如自己的健康、興趣、結交朋友及與家人的相處等。如果學業只令你感到無比的沉重，你可以考慮跳出框框，減輕學習生活的比例，給予部份精力向其他方向發展，例如發展體能、個人興趣、藝術潛能、人際關係等等。令人生更多元化。如果某方面失意，也可從其他方面獲得滿足與快樂。

第五個「R」是 Relax，即是「放鬆」。可能你會想到之前已提及過「Release（釋放）」。其實「Relax（放鬆）」和「Release（釋放）」不同，「Release（釋放）」是指較短期的釋放壓力之方法，而「放鬆」強調的是學習建立令自己可以放鬆及安靜的空間及時間，不需要把每天的時間表填滿。

記得我在讀大學時，認識一位知名的教授，年屆花甲的他不但有許多研究、教學及行政工作，甚至與外界機構有非常多合作計劃，忙得幾乎天天都上班，連星期日也常常在校園看到他的身影。但別以為他是匆匆忙忙的樣子，相反，他永遠一副

輕鬆以對、瀟灑從容的態度，說話和做事都不徐不快。我們好奇他為甚麼那麼忙碌，卻既不慌忙也不會表現緊張，他分享自己的秘訣：「大家不要把每天的流程填滿，最多只填80%。這樣無論遇上甚麼事，你起碼仍有兩成的空間去承受及應對。」看到教授這麼從容的樣子，我才明白「放鬆」及給予自己空間的重要性。

此外，大家可以對自己多點了解，如果你是個比較愛靜的人，可以自我鼓勵多在空閒時進行動態活動；相反如果你是個比較愛動的人，可以選擇在有空時多做靜態事物，如閱讀、聽音樂等，嘗試以不同的方式放鬆身心。

說到最後，我們分享的減壓方法，可能都算是老生常談，問題我們是否只是知識上學習過或知道過這些減壓方法，但在每日的生活實踐裏卻背道而馳？盼望5R減壓方法不只成為我們的口號，而是能夠融入生活、好好實踐。

青少年篇

警惕長期受壓　身體最誠實

曾媚
精神健康綜合社區中心註冊社工

　　提起壓力，香港人多數即時想起工作壓力，學生則可能想到學業壓力。的確，每年要面對升學競爭，每學季要面對測試考試，還有每天要面對的功課、補習，每一層都可以是壓力，讓孩子、家長甚至老師透不過氣來。不過，壓力並不只因工作或學業而產生，個人日常裏其他正在面對的問題，例如家庭、人際關係、生活轉變，其實也是造成壓力的原因。

　　大家或者知道，長期受壓引致的問題不止是心理層面，身體更會因為個人感受到壓力而作出反應，例如長期壓力會導致分泌皮質醇，會提高血壓、血糖水平和抑制免疫能力，導致容易生病。長期的慢性壓力也會損害學習能力，再發展下去，身體會出現許多問題，例如不明來歷的痛楚。

　　此外，長期受壓又會影響行為、認知能力，例如容易出現注意力不集中、善忘、記性轉差、效率降低等。面對過大或長期壓力，亦影響個人情緒及人際關係、令人容易敏感、容易產生衝突。

教育界一向予香港人的觀感都是充滿壓力的界別，無論校長、老師、家長、學生，各持份者都似乎承受着不能言喻的壓力。因此，希望不論在哪個崗位的你，都要特別留意自己的壓力情況，如果你發現自己長期面對過大壓力，實在應該留意壓力的來源，並且開始作出生活或心態的改變，讓自己能保持心理健康，才能令身體健康。

　　老生常談的減壓方法，例如調節期望，刻意放慢步伐，平衡生活，讓自己獲取足夠休息，或者透過運動促進個人身心健康，你可能都早已知曉。但最重要是加以實踐，持之以恆，讓自己真正可能妙解層層壓力，笑對人生挑戰。

青少年篇

如何應付考試壓力

曾媚
精神健康綜合社區中心註冊社工

較早前與大家分享過何謂壓力及壓力帶來的影響，因應考試季節，今日再探討考試帶來的壓力，以及可以如何應對壓力所帶來的困擾。

其實，所謂「壓力」，是個人基於自己內在及外在的要求或特定事件的刺激，所帶來身體或心理緊張的反應狀態。正如我的文章提過，壓力可以引致生理及心理的症狀：生理方面，面對考試，你可能會心跳加速、呼吸急促、透不過氣、覺得口乾、胃痛甚至坐立不安；心理方面，面對考試而產生的過度反應，可能是出現過多或不切實際的擔憂、又可能是腦裏一片空白或者思想混亂、亦可能出現專注力和記憶力下降、不安、疲倦，甚至希望逃避上學或考試。

面對「考試」這項特定事件的刺激，我們最重要是先了解自己的壓力狀態。如果你出現一些影響正常學習或生活的身體或心理症狀，那就要正視及加以處理了。我們可以先細心察

覺，自己是否有由壓力引發包括傷心、失望、內疚、憤怒等的負面情緒，重拾冷靜與理性。

當你冷靜下來，可以分析自己對於考試是否有些既定的負面想法，例如：「如果這次考得差，以後我的成績也不會再有改善。」、「我會是全班最後一名，將來會沒有前途，不會找到好的工作。」、「我真失敗，如果被留級，哪有面子面對同學和家人?!」、「考試失敗等同人生沒有希望，我不知道以後怎麼辦！」。

如果你發現自己受上述負面思考影響時，可以細心了解負面思維的內容，並嘗試以理性思維分析及改變那些想法，例如反問自己：我這種想法是否絕對正確？有沒有事實根據？有沒有參考別人的看法？可有從其他角度去思考？嘗試用多角度的思維，走出單一及負面的想法，會有助抵抗壓力。

此外，如果我們能夠面對現實，中肯地評估自己的能力和及早作出打算，可以免卻往後的憂慮，也有助舒解即時及過度的考試壓力。未雨綢繆的準備包括：合理及認真地評估自己的能力及成績，面對現實；搜集升學或出路資料，因應可能出現的結果而作出不同的打算；多與家人商討及分享，以獲得家人的支持；嘗試自我鼓勵，告訴自己要放下憂慮，全心全意投入

青少年篇

考試。

　　考試「大敵當前」，考驗的除了是知識之外，還有我們的承受力。如果我們能保持均衡的生活，包括定時及適量的運動、充足睡眠及休息、培養個人興趣，相信有助增強身心承受能力。那麼，即使面對大敵，亦無所畏懼了！

三招減低考試焦慮

黃南輝
前社區教育部教育主任

　　志華一向勤奮好學，上課時留心專注，平日學習的表現十分出色，深獲老師們的讚賞。但奇怪的是，他最近這兩次的考試成績卻遠遠不及他平時表現的那樣出色，只是合格多一點，算是比較差的一個組別。原來自從志華在去年升上中四以後，他對於考試便有一種莫名的恐懼，只要進入試場，他便會感到焦慮不安，很難集中精神，答題時容易疏忽犯錯，例如看錯或看漏題目內容。明明已記熟了內容，到真正答題時，卻往往忘了一部份。幸好他的底子深厚，即使有部份答錯答漏，亦未至於不合格，但已經令他深受困擾。

　　雖然同學未必會有志華這樣的狀況，但若果你也面對考試的焦慮，以下介紹的方法，相信可以減輕考試的焦慮：

一、「思想停頓」（Thought Stopping）

　　當面對一些緊急情況又或者重大的考驗，例如公開試時，

青少年篇

腦海中往往會浮現一些負面的想法，如：「萬一試題的內容都是我未溫習過的，怎麼辦？」「慘了，我還有三課未溫熟！」等便會湧現腦海，於是引發包括不安、擔心及恐懼等和焦慮相關的負面情緒，如果不加以控制，可能一發不可收拾，令一些同學在考試的前一兩晚便開始失眠，到考試時腦海中空白一片，甚麼都記不起。「思想停頓」是指當一些負面思想湧現時，我們可以在口中或心中叫停。例如：「停，我不要想下去，這些想法對我有害無益」。

二、「正面的自言自語」（Positive Self Talk）

「正面的自言自語」是指一些自我肯定及鼓勵的言語，例如：「我平時的成績不錯，只要小心一些，考試成績理應不差。」「我已經盡了力去做，結果如何我都會接受的。」這些自我肯定的說話對於加強自信，抗衡負面思想有一定的效果，亦可配合「思想停頓」的技巧一同使用

三、「鬆弛練習」

「鬆弛練習」有助放鬆身體和精神，如果可以持之以恆地練習，對於穩定情緒、降低焦慮有很大的好處。在這裏介紹一

種比較簡單的呼吸鬆弛法給大家參考。同學可以選擇一個放鬆的姿勢坐着或者臥着，先作 2-3 次深呼吸，然後盡量慢慢地吸氣，吸到盡頭時停一停，將吸入的空氣慢慢地呼出，一呼一吸之後心內輕輕數：「一」，最好連續做 50 次以上，效果會較佳。

以上介紹的方法，都是以舒緩為主，如果要較為徹底地處理考試焦慮問題，那要有必要地找出導致焦慮的主要原因（例如父母或者自己的不合理期望）而加以處理，必要時可能要尋求專業的介入。

遭遇「不測風雲」
情緒反應或遲來

香港心理衞生會

古語有云「天有不測之風雲，人有霎時之禍福」。其實，無論是天災、戰亂、暴力罪行、飛來橫禍……災難或意外突然而來，令人措手不及，以至沒法作出適當的心理準備及調整。例如前陣子美國小天后 Ariana Grande 在英國曼徹斯特的演唱會發生恐怖襲擊，有炸彈爆炸，造成多人傷亡。現場原本歡歡喜喜享受音樂會的樂迷突然面對那麼可怕的場景，受到的身心衝擊之大，可想而知。

親身經歷或目睹災難事故發生的人，有可能會開始質疑，個人對所處的環境生活以至世界有多少掌控；事件可能會帶來沉重的壓力，令人心理受創傷，產生恐懼、哀傷、自責、憤怒，個人信心及信仰備受動搖，感到迷惘及失去方向。

我們可能以為最受事故影響，是那些親歷其境的人。其實，以下都可以是受影響的人士：在當時或透過傳媒報道目睹

災難發生經過的人士，例如鄰近災區人士、採訪人員、救援隊伍或義工、得悉親友遇難、失蹤或受威脅的親友，甚至關心災情的普羅大眾。受事故影響的人士，部份會順利渡過最危急的關頭，即時引發的壓力反應，也會逐漸緩和。但也有一些受影響人士，可能會之後一段時間才出現情緒反應。

常見的壓力反應，包括在身體方面，可能出現冒汗、頭暈、呼吸急促或感覺呼吸困難、疲倦、頭痛、胸口疼痛、作嘔作悶、身體顫抖的狀態；情緒方面，可能出現震驚、哀傷、否認事實、抑鬱、容易激動、內疚、無助及無望、焦慮驚慌；思想方面，可能會感到困惑混亂、反覆出現災難的情景、思想或片段、猶豫不決、過份警覺、難以集中精神；行為方面，包括胃口不佳、對周遭事物失去興趣、逃避任何與災難相關的思想及引發之情感、活動、話題或場合、不想與人接觸、失眠、發噩夢、嘗試用酒精、藥物或吸煙去麻醉自己等反應。

若受災難影響，以下人士可能會較容易出現情緒困擾，例如本身生活上已有很大壓力或已出現情緒問題、之前曾經歷災難或創傷事故、正在經歷喪親或突然失去重要事物（例：財產、健康）的痛苦，女性，尤其是本身比較容易緊張和悲觀的女性，也是較易出現情緒困擾的人士。

青少年篇

創傷後壓力症可舒　嚴重需求診

香港心理衞生會

前文我們分享過，親身經歷或目睹意外或災難事故發生的人，有部份可能會於事故後一段時間才出現情緒反應；而事故有可能會帶來沉重的壓力，令人心理受創傷。以下是一些面對不幸事故後可以做的舒壓方法。

如果經歷了不幸意外，可以盡量嘗試理智分析現況，留意個人的壓力反應。很多人在事故後的即時、或幾星期甚至幾個月後會出現壓力反應，但不代表他軟弱或精神出現問題。壓力反應持續的時間視乎個人面對事故的嚴重程度，各人在事故前的身心狀態及應付壓力的能力而有所不同。所以，要提醒自己現時的不安、焦慮和悲傷的反應，是正常和可以接受的，需要時間才可平復，這些反應一般是暫時，並且會漸漸減少的。

此外，你可以與信任的人傾談對事故的感受，並容許感情自然流露，不要強迫自己忘記。除了與親友分享，也可以透過致電醫療或社福機構電話熱線或線上輔導服務，向輔導員傾

訴，又或者利用書信、電郵、日誌等抒發情感。

你並且可以善用時間，盡量投入原來的生活，包括安排時間與家人朋友一起，避免孤立自己，並做些令自己開心的事情；盡量維持日常活動及生活秩序，保持足夠的睡眠及休息；定時飲食，攝取足夠的營養；不時留意自己的壓力反應，定時做適量的運動或鬆弛練習，以減少緊張的感覺。

還有，要選擇適當資訊保護自己的情緒，可以全面性地收看或聽取有關那次事故的資訊，避免單單接觸令自己不安加劇的畫像及報道，嘗試平衡負面和正面的消息。而如果有關資訊嚴重影響自己的情緒，不要勉強，可暫停接收有關信息。在這段期間，要避免作重大的轉變或決定，因為會增加個人壓力。

如果事故後持續出現影響日常生活的症狀，有可能是受「創傷後壓力症」所困擾，要盡快求助。症狀包括思想持續及反覆經歷災難的情景，例如：會突然浮現災難的記憶，令人無法專注做事；夢境重複出現災難時驚惶的感受及體驗；常感到自己仍在災難及危險之中，甚至碰到與災難有聯繫的東西就感到極之困擾，繼而產生猶如災難當日的生理反應。症狀還包括逃避任何會勾起與災難相關的思想、對話、感受、人物、地點或活動。此外，並有持續過份敏感的反應，例如：突然感到異

青少年篇

常煩躁或對一般事物產生強烈恐懼；容易受驚，不能集中精神等。

創傷壓力症如果沒有得到適當的治療，可引致抑鬱症，影響心理健康，所以需要留意及及早辨識和治療。

每天一點小確幸

江偉賢博士
臨床心理學家

香港是一個很出名的地方，除了夜景出名外，香港人睡眠時間出名短、工作時間出名長、樓價出名高、人說話快食得快連行起路來也出名快。從好的方面看，便會知道香港人的打不死精神並不是空口說白話，面對着這種種挑戰與社會急促轉變，再讀到這裏時還會懂得笑着自嘲一番。然而，當壓力積壓下來，有誰不希望可以放肆一下，來個「任我行」呢？

宣洩壓力　各顯神通

想到減減壓，你會想起甚麼妙法？可能是買個手袋、換隻手錶，食一頓豐富的晚餐，又或者是請幾日假期出走避世，用陽光與海灘洗滌心靈，還是去夜夜笙歌一番。舒減壓力的方法，各適其適，當然最重要的是要找到自己享受的方式去調和一下生活。然而輕鬆過後，就像發了場不得了的美夢，然後回到熟悉的現實，這落差有時真叫人受不了。究竟我們在做甚麼？被無情的現實折磨完，就去短暫地安撫自己，然後來回地

213

青少年篇

獄又折返人間，這就是我們的生活嗎？

生活就像每天為自己造一個蛋糕

壓力滿瀉的生活中，舒減壓力可謂燃眉之急，但試問一年365日又有多少天可以盡情放任？其實生活就像每天為自己造一個蛋糕，每天的蛋糕可以是一樣的，也可以是不同的，但不論口味如何，你都得把它吃個乾淨。於是有很多人每天根據食譜造一個難吃的蛋糕，然後長期吃得難受，便找幾天為蛋糕加一些糖霜忌廉。然而，撫心自問，那個食譜造出來的蛋糕，始終都叫人噁心。

改寫食譜　由自己去做

記得有一次心理治療，有位男士說他每星期與我談話的一小時，是他唯一可以放鬆一下的時間。他淡然地把每天從凌晨四時至晚上十二時的「行程」鉅細無遺地闡述一次，然後對着我苦笑了一下：「習慣了。」他沒有再說甚麼，但無聲勝有聲，他的心好像在反問我：「累了又可以怎樣做？我可以選擇嗎？」的而且確，生活之中有很多事情根本沒有自己選擇的權利，但原來很多人在每天的壓力中已經把自己都忘記了。那

位男士忘記了那些熱愛的搖滾音樂，忘記了一頓飯並不只是進食的動作，忘記了在夜裏也可以望着心愛的女兒那個甜睡的樣子，而更重要的是他忘記了這些可以每天都享受得到。當他有一個空間把這些都想起了，他那蛋糕的味道已經調理好，再次變得可口美味，也不再需要用心理治療作為糖霜去調味了。有時候，忙碌會使人忘記自己，但請不要忘記得太過徹底，偶然想起自己喜歡的小事情，一點一點地加入自己的食譜吧！

青少年篇

如何面對
精神問題

防止青少年情緒問題惡化及早察覺滅火

黃南輝
前社區教育部教育主任

　　焦慮症和抑鬱症是青少年最常見的情緒問題，這些問題往往要經歷一段時間醞釀才發展成熟。在醞釀期間通常會有一些相關的早期症狀或警號標示情緒問題正在發展中，如果能夠辨識這些心理健康警告信號，而又能及早介入或者處理的話，不但可以防止情緒問題繼續惡化，更有可能在情緒問題未發展成熟前將其妥善解決。這些心理健康警告信號又或者精神問題先兆包括儀容、情緒、生理及行為表現等各方面出現的變化。

　　在儀容方面，較明顯的轉變包括容顏變得憔悴或滿面倦容、目光呆滯或缺乏神采；衣着儀容會傾向疏於打理；衣着方面與氣候或場合不匹配（例如在寒冬時穿短衣薄褲）等。在情緒方面，當事人則可能變得敏感易怒或煩躁不安；終日心緒不寧或過份擔憂；情緒波動大又或者過份地表達。（例如只經歷少許的挫折卻顯得情緒極度低落，少許的不如意卻發極大的脾氣）。

雖然每個人都會有不開心的時候，不過正常的情緒低落是可以透過傾訴、娛樂、休息或者運動等方法去消除，從而回復正常的水平。然而病態的情緒低落不單是持續的時間長（例如持續數個星期），影響程度亦較為嚴重（例如影響學習或工作），並無法透過一般的途徑輕易地消除。

　　如果發現青少年出現病態的情緒變化，那便必須小心處理。在生理方面，可能出現的徵兆則包括小毛病不斷並難於治癒、肌肉或身體其他部份，例如頭部或腹部經常疼痛、專注力或記憶力轉差，食慾問題如缺乏胃口令致體重驟降。又或者，相反地因胃口突然大增而體重驟升、精神及身體經常感到十分疲累並難以恢復、睡眠問題如失眠（包括遲遲難於入睡、入睡後反覆醒來以致難以熟睡或提早 2-3 個小時醒來之後無法再入睡）。

　　行為表現方面，可能出現以下的一些情況：逃避上學或工作、避開與他人接觸或參與活動、學習水平下降、敏感多疑，容易與人發生衝突等。

　　上述所提及的種種心理健康警告信號，如果不是仔細辨識的話，家長或者會誤會青少年患上生理疾病，又或者錯誤解讀該青少年是不思上進、逃避責任、怠惰疏忽、無心向學。為了

青少年篇

準確評估青少年的狀況，家長、老師及青少年應以關懷、包容及非批判的態度仔細地觀察及與青少年溝通，如果發現青少年出現了數項心理健康警告信號並有惡化的傾向，應及早處理並向相關的專業人士如社工尋求協助。

內心的情緒杯

鍾國恆醫生
精神科專科醫生

　　精神科醫生在情緒講座中，拿出一隻杯，並開始把水倒進去。

　　在場眾人看着，心想又是在說那老生常談的半杯水道理吧！

　　醫生繼續倒水進杯內，慢慢地水開始滿了。大家正奇怪這醫生正在做甚麼呢？為何不立刻停止？再這樣下去水就會滿瀉了！

　　如果內心真的有一隻杯的話，我們的情緒就好比杯中水。我們有時的確控制不了情緒何時出現，何時停止。而情緒病就好像內心這隻杯經常盛滿負面情緒一樣，人們也許同樣感到無助不安，不知如何是好。心想這狀況何時才完結？我為何會這樣？

　　真正經歷情緒病的人會明白，那揮之不去的苦澀是何等的煎熬難耐。不想經歷這些負面感受，是人之常情。

青少年篇

我曾認識一位情緒病病人，他是個大學生，在上學之餘更同一時間兼顧三、四份義務工作及兼職。他永遠也很忙，為的就是要讓自己沒時間想負面的東西。他更刻意在家中裝作一切正常，家人甚至不知他在見精神科醫生。當和他談及日常生活時，他可以很平靜。但當和他談及情緒甚至他的過去，他就變得很迷茫，不願多談。我明白他不是刻意不合作，只是當觸及負面情緒及經歷時，真的使他很不安呢！

　　那麼我們可以如何回應呢？除了再問為何負面情緒總是出現，繼續逃避觸及自己的負面感受，還有其他出路嗎？

　　心理治療中的「接納與承諾療法」（Acceptance and Commitment Therapy），談及「心理彈性」（Psychological Flexibility），指的就是人能否慢慢留意着當下這一刻，不加批判地真正接納自己的各樣感受經驗。我們未必可以改變自己負面情緒，但當我們能選擇擁抱接納自己的經歷，繼而向着自己人生價值努力，情緒病就不再像以往般支配人生了。

　　由逃避到能夠接納情感當然非一朝一夕可以做到，關鍵在於能否調整那不安的感覺，在一個合適的環境下，回顧及理解自己的感受想法。此刻精神科醫生的角色，就是讓病人能感到被明白及有安全感，慢慢認識及接納自己，像找到「鏡中」的

自己一樣。這樣才有力量接受往後的藥物及心理治療，從而處理情緒問題。

講座中，正當大家想着醫生何時才停止再倒水進杯之際，沒想到醫生手上的其實是一隻方便攜帶的伸縮杯，只需稍微拉長杯身，就能盛載更多倒進去的水了。

從今天起，讓我們一同嘗試慢慢使這內心的情緒杯變大一點，盛載人生的不同情感及經歷吧！

突然暴食　留意情緒

曾媚
精神健康綜合社區中心註冊社工

　　作為精神健康教育的工作者，我們常有機會在不同場合和市民分享辨識情緒健康的方法。我們發現，在現今資訊充足的年代，大部份人對於辨識情緒問題都有基本的認知，例如知道睡眠問題或一些身體毛病，可能是因為長期累積壓力或負面情緒而引致，而非純粹身體問題。不過，有些朋友卻沒有留意，原來情緒健康問題，也影響着我們的胃口或飲食情況。個人飲食狀況，又可能某程度上反映了他情緒健康的情況。

　　根據美國《精神疾病診斷與統計手冊 DSM》，抑鬱症其中之一症狀就是因為飲食問題而導致體重劇增或劇減。為甚麼會有這種情況？其中一種原因可能是因為受抑鬱症狀影響的人士沒有胃口進食、茶飯不思，以致體重在短期內急劇下降；另一極端則是因為感覺空虛，生活沒有寄託，希望以食物填滿自己，而進食過量，結果導致體重劇增。

　　以上形容的情況，是抑鬱症狀的表現。而日常生活中，

可能許多人曾經試過，當應付沉重工作或學習壓力時，往往會減少睡眠時間，並會偏向想吃一些俗稱「垃圾食物」，例如油炸或高鹽高糖份食物。原來這些情況也是符合科學原理的，幾年前美國密西根州立大學心理學系就發表了一份研究，指出當人面對巨大壓力、睡眠不足、及滿載負面情緒時，個人的自制能力會減低，會增加食量以及傾向選擇吃垃圾食物，從而獲得「情緒調節」，暫時舒緩負面感受。

本來，為了減壓而短期內吃多了一點，或多吃了「垃圾食物」，並算不上甚麼問題。不過，有些朋友在吃多了「垃圾食物」後可能產生更大壓力，甚至感到罪疚，導致循環在過度壓力與暴吃的惡性循環當中。所以，當我們或身邊人在短期內出現以上極端飲食狀況的變化，可能就是一個信號，告訴我們要留意身體或情緒的情況了。

青少年篇

人人都有可能鬱到病

李永堅醫生
精神科專科醫生

17 歲的阿 May 最近變得情緒低落、易發脾氣、失眠，精神不能集中，學業成績下降，隱藏及封閉自己，拒絕和同學接觸，還萌生自殺念頭，令父母非常擔心。經過醫生診斷，她是患了抑鬱症，成因和功課及考試壓力有關。

May 並不是少數的患有情緒問題的青少年例子，實際上，國際研究估計全球 10 至 19 歲的青少年之中，有 2% 至 5% 即約 2,400 萬至 6,000 萬人患有抑鬱症，患者來自不同種族及性別，而每個人一生中有 8% - 20% 機會患上抑鬱症。依此推算，香港大約有 17,000 至 42,000 青少年患有抑鬱症。抑鬱症可嚴重影響患者的生活質素，學業、社交、工作，約有 15% 抑鬱症患者死於自殺。調查指出，在 2020 年，對人類健康和社會造成最大影響的疾病之中，抑鬱症將排行第二。

青少年情緒病成因可分為四方面：

（一） 遺傳因素。

（二） 生理因素：腦遞質失去平衡（去甲腎上腺素、血清素、多巴胺）、內分泌失調及一些腦部病變。

（三） 心理因素：負面思想模式 （自身、世界、未來）、「失去」、「矛盾」、脾性。

（四） 環境因素：生命事件。

青少年情緒病的主要病徵包括：

（一） 情緒困擾：低落、煩躁、焦慮。

（二） 對周遭事物或往日嗜好興趣下降。

（三） 精神不能集中、失眠、食慾下降（暴食）。

（四） 自信心及自我形象下降、腦海內充滿悲觀及負面想法、過份自責及內疚。

（五） 自殺念頭及行為。

（六） 學業、品行、日常行為 （成因不明） 的改變。

（七） 來由不明諸般身體的不適。

青少年情緒病治療包括：

（一） 藥物治療。

（二） 心理治療。

青少年篇

（三） 家庭治療。

（四）家人、學校、朋輩的支持。

（五）良好生活習慣。

　　對於青少年而言，正確的人生觀非常重要，並應該從少建立，家長亦應從中鼓勵，一旦出現精神或情緒問題，應立即向教師、社工或相關的專業人士求助。

不開心等如抑鬱？

許俊傑
前社區教育部教育主任

　　每個人都曾經經歷「不開心」這種情緒，會有甚麼事令你覺得「不開心」呢？是工作太辛苦、錢不夠用、生活上的小挫折、考試測驗結果未如人意或是被父母要求參加許多補習班？

　　「不開心」的情緒，可能來自於包括我們在生活、學業、家庭、健康上經歷損失、或者不能達到期望等種種因素而產生，情況因人而異。有時候，我們會聽到別人形容很不開心的狀態為「好抑鬱啊」，可是，抑鬱症便等如「不開心」嗎？

　　其實，抑鬱症是一種情緒病，其最核心的病徵是持續的情緒低落、失去興趣及疲倦乏力，亦會有機會出現其他症狀，例如強烈的自責感、感到自己毫無存在價值、專注力減退、體重明顯增減等等，而不得不提自殺念頭也是抑鬱症之症狀之一。同時，患者亦會喪失感受快樂的能力，多數未能排解此狀況及相關症狀。

　　「不開心」與「抑鬱症」是不一樣的，不開心的情緒經歷

229

青少年篇

時間較為短，也可能因為一些特定原因影響，事件過後多能回復正常狀況，可以排解。抑鬱症則經歷時間較長，並持續超過兩個星期。抑鬱症是腦部疾病，症狀影響患者生活亦較嚴重。患者的低落情緒，有別於一般人在日常生活中常有的「不開心」，他們所承受的，是一種複雜的低落情緒，與不開心的層次不同。這些低落情緒包括傷心、憤怒，有時還包括感到羞恥及罪過。

　　了解甚麼是抑鬱症後，希望大家都可以多加關注，並檢視自己有否這些症狀，察覺後可以盡量表達自己感受，與家人、朋友傾訴。另外，亦可以嘗試調節生活作息或培養運動習慣，以減輕抑鬱症狀。如嘗試以上自助方法也未有好轉，需尋求專業人士協助，再進一步之藥物及心理治療。

再知多一點　預防抑鬱問題

曾媚
精神健康綜合社區中心註冊社工

　　根據《香港精神健康調查 2010-2013》，在 16 至 75 歲的香港華人之中，患抑鬱症的比率達 2.9%，而混合焦慮抑鬱症則達 6.9%，抑鬱可謂本港非常常見的精神問題。不過香港並沒有相關兒童及青少年抑鬱問題的大規模研究，我們無法推斷有多少青少年可能有抑鬱問題。

　　當我們遇到挫折，例如考試成績不理想、被家人責難、失戀等，難免會情緒低落，但不需要特別的治療，過一段時間心情就會平復，可以正常地生活。可是，抑鬱症患者不會像普通情緒低落般，能夠自動復原，反而會每況愈下，越來越差，影響患者的思考、集中力和決斷能力，影響他們的生活，最嚴重時更可能帶來輕生念頭，因此，抑鬱症實在不容忽視。

　　抑鬱症的成因是多方面的，可簡略分為遠因或近因。遠因例如遺傳、長期受壓、悲觀或要求完美等，會使人有較大傾向或機會率患抑鬱症。近因例如生活上遇到挫折，包括失學、

青少年篇

失業、親人去世、失戀、生病，會增加壓力，促發當事人的心理及生理上的變化，形成抑鬱問題。此外，有些身體或腦部疾病、以致藥物都可能引致抑鬱症。

要全面治療抑鬱症，可以從生理、心理、社交及靈性四方面入手，包括在生理方面，須服食抗抑鬱藥，以調節腦內物質，有效地控制及舒緩疾病的症狀；在心理方面，患者可以接受心理治療（例如：認知行為治療），協助他們正面地疏導情緒、增強應付壓力及解決問題的能力、調節思想、增強自信心和抗逆力等；至於在社交方面，患者可以多平衡工作與餘暇生活，擴闊社交圈子，建立良好的人際關係；靈性方面，可以鼓勵有宗教信仰的患者從信仰裏積極的面向獲取支持和釋放，沒有宗教信仰，也可以多思想人生意義以及如何達到開心、有意義及滿足的人生。

抑鬱症是常見的情緒病，若懷疑自己或身邊人可能面對抑鬱問題，應盡早尋求協助。透過適當的治療，即使患上抑鬱症，也可以透過多方努力，重過快樂又有意義的生活。

與受抑鬱困擾的青少年溝通

許俊傑
前社區教育部教育主任

　　雖然我們沒有實質數據，確認有多少香港學生受着抑鬱問題的困擾，但大家都不難發現，身邊可能有些青少年表現出「少年維特的煩惱」。那麼，作為同學、老師或者家長，可以如何和受抑鬱困擾的青少年溝通、幫助他們呢？

　　和受抑鬱困擾的青少年溝通的主要目的是作情緒支援，應當盡量鼓勵他／她表達感受，知道他／她面對甚麼困擾後，才可以提供比較準確的意見或建議，陪伴他／她去尋求適合的專業協助。這一點是提供幫助的師生或家長必要留意的。

　　在態度方面，最重要是表現出接納、真誠和具同理心，讓那位抑鬱的青少年感受到被關懷。由於那位青少年受抑鬱情緒的困擾，我們要有心理準備，他／她可能會表現很傷心、容易哭泣，或者有極端負面情緒的表現，又或者會拒絕我們提供的幫助，這些都是預期有可能出現的情況，我們需要接納及理解他／她的情緒反應。

青少年篇

在面談時，我們可以留意自己的語調：需要親切和自然。溝通技巧方面，可以留意如何展開話題，例如從關心其身體健康狀況着手。與受抑鬱困擾的青少年對話，用心聆聽是非常重要的，我們不用急於表達自己的意見，不用說太多話，反而應當小心留意，持續評估他／她正在表達的信息。

嘗試給予多點耐性，以非批判聆聽性方式及同理心與受抑鬱困擾的青少年溝通，我們在前面的章節中都曾經分享過何謂「非批判性聆聽」和同理心，如果大家有興趣，可以參與一些課程，學習相關溝通技巧。此外，我們也要懂得面對沉默和被拒絕，並留意他／她的話中之話，給予適當的回應。

好心做好事

江偉賢博士
臨床心理學家

大概每個人一生中都總會有經歷過傷心絕望的時候，同時大概每個人都總會見過身邊一些重要的人正在經歷他們生命中的痛苦。作為他的親朋好友，你會為他做些甚麼事情去舒緩他的痛苦？而他真正需要的又是甚麼？

抑鬱症的剖白

記得有為一個個案開始心理治療時，我解釋説一切治療內容均為保密，但當生命受到威脅時，便有機會需要找有關機構的協助。當時我看見他面有難色，於是仔細去發問，其後發現他真的有尋死念頭，但很害怕讓家人知道。在臨床心理學及精神醫學的角度來説，抑鬱症不只是不開心，更不只是「諗埋一邊」。嚴重時，它可以是一種致命的精神疾患，而對抗它除了服藥外，身邊人的情緒支援往往是控制病情的一個重要因素。這裏必須要強調一下，情緒支援跟實質支援（如金錢上的

青少年篇

支援）並不一樣。在剛才提及的個案中，患者的家人非常着緊他，實質的支援不乏，情緒支援卻欠奉。

抑鬱面前 一籌莫展

最常聽到安慰一些有抑鬱問題的人的說話，不外乎是：「唔好唔開心」以及「睇開啲啦」。而這些看似萬能的金句，換來的回答往往是：「你叫我不要難過，我都想我可以不用難過，如果我做到的話就不會像現在這樣啦！」而亦有人會在這刻化身為智者，就着其困惑的事情提供專業的解決方案。這些建議或許可幫助當事人擴闊思維，但通常抑鬱的人都會用更多的事例去證明自己的情況並不是這麼容易解決的，於是智者就會推出解決方案 2.0，然後一直重複直到抑鬱的當事人放棄爭辯，留下一句：「你唔明白我」，或者是智者江郎才盡，然後引用前面所述的兩句萬能金句。

提供安慰前 先要有墮進幽谷的準備

抑鬱的當事人都有令致他抑鬱的原因，亦都有他抑鬱的需要。抑鬱是一個冷冰冰的世界，那裏沒有光，也沒有希望，只有自己一個孤獨地存在。如果你一個人處身在這裏，你最想要

的是有人勸你忍耐一下、教你生火取暖，還是一個簡單而溫暖的擁抱？答案很明顯是後者，但問題是你是否有墮進幽谷的準備，用他的眼睛看他的悲傷，感受他的黑暗如同自己跌進黑暗一樣。有人會問：「這樣可以幫到他嗎？」我會回答：「他不需要你幫助，他需要的是你的接受和信任。」回說剛才提到的個案，原來當事人從小到大一直覺得自己是家庭的負累，雖然家人很愛護及保護他，他於是很想努力作出奉獻以回報家人。他需要的並不是有人教他應該做甚麼或者說甚麼，而是希望有一個人誠懇地告訴他，「我們都軟弱，所以我們彼此相愛。」

青少年篇

分辨「緊張」與「焦慮症」 助己情緒更放鬆

梁凱怡
社區教育部教育主任

　　香港人凡事講求效率，連校園生活也節奏急速，無可避免為人帶來緊張和壓力。經歷緊張的情緒，是好是壞？

　　其實，每個人都會經歷緊張情緒，這是正常的生理及心理反應。無論是好或壞的變化都有機會令人緊張，例如考試、比賽、求職面試、被師長責怪、患病等，都可以令人感到緊張，這些情況下出現普通緊張都是正常的，可以幫助我們解決困難或避免危險。

　　曾經有朋友問我，緊張的情緒與焦慮問題是否一樣？其實，焦慮症是常見的都市情緒病，相對普通緊張，焦慮症持續的時間長，影響程度亦比較大。有些人在事情過去後仍感到緊張，或者大部份人不會擔心的事但自己卻不能自控地經常擔心，甚至對學業、工作及人際關係構成影響，便可能是有焦慮問題，甚至可能患上了焦慮症。

焦慮症是一組相當大的疾病組群，其中除了較常見的廣泛性焦慮症外，還有強迫症、廣場恐懼症、創傷後壓力症等。一般而言，焦慮症常見的症狀包括：生理方面如心跳加速、出汗、呼吸急速、肌肉緊張等；心理方面如過度擔憂、脾氣暴躁等；行為方面如重複行為、避免出席特定場合等。

　　焦慮的時候，肌肉會緊繃，因此透過學習鬆弛方法，並每天持續練習，有助放鬆肌肉及舒緩因焦慮帶來的不舒服感覺。輕微的焦慮，可以透過自助方法例如做運動、做鬆弛練習而得以改善焦慮情緒。焦慮症是可以完全康復的，假若未能透過自助方法而改善焦慮持續，便要考慮尋求適合的醫藥治療或心理輔導。

　　很多人未有意識自己的緊張情緒日漸累積，並已達臨界點，因此恆常地放鬆一下，有助維持穩定的緊張水平。希望各位師長或同學也要多留意自己的情緒，不要讓長時期的緊張累積，成為有損自己情緒健康的焦慮問題。

青少年篇

如何與受焦慮困擾的青少年溝通

梁凱怡
社區教育部教育主任

　　如果身邊有焦慮問題的青少年，我們應該如何和他們溝通，幫助他們？今日就和大家分享一下，如何可以初步接觸及協助有焦慮問題的青少年。以下就是一個很不錯的溝通例子：

　　小麗的學業成績本來不錯，但自從升上中六要面對 DSE 之後，卻突然變了樣。她常常於早上表示身體不適，不能上學。最初是肚痛，後來再加上頭痛。雖然看過幾次醫生，檢查後發現她的身體沒有甚麼問題，不過，頭痛、肚痛的問題卻持續出現。今天早上，小麗又說肚子不舒服，看了醫生後睡了一會。媽媽覺得小麗變化很大，卻又不知如何和小麗談，於是請與小麗關係深厚的表姊幫忙和小麗傾談以了解她的問題。

　　當小麗醒來後，身體和精神狀態都較佳，小麗的表姊於是進入她房間，單獨與她詳談。表姊在與小麗對話時，先表示自己的關心，問了她的身體健康狀況，除了肚痛外，還有沒有其他問題。接着試探問她在學校的情況。起初，小麗不願意細

說，還有點不高興。表姊溫柔地回應，明白小麗可能因為身體不適、心情不暢快而感覺「忟忟地」，所以希望再了解她有沒有正在面對的令她不快事情。

表姊並說出自己的觀察：小麗的班主任曾經致電問小麗媽媽，說過小麗在學校的表現，例如沒有交功課。這令表姊覺得奇怪，因小麗一向勤力讀書，所以作為表姊，很想知道發生了甚麼事，有甚麼可以幫上忙。

在表姊體貼的提問下，小麗道出，她其實是有做功課的，只是覺得做得不好，所以沒有交。表姊於是問小麗，她功課一向出色，為何現在會覺得不滿意。小麗於是說出心聲，表示自

241

己近來有許多擔心，難以集中精神，不太明白課堂內容，無力做功課，成績亦滑落。她覺得老師和同學都開始不喜歡她，看不起她，自覺很沒用，很怕面對別人，身體更因為害怕而自然地產生肚痛頭痛等狀態，於是乎她就可以請病假不上學。表姊表示明白到小麗面對的焦慮和擔心，並說這可能是與焦慮問題有關，建議陪她去找專科醫生，看身體出現的反應是否因為心理健康而導致及如何可以解決。

表姊以同理心的態度協助小麗表達她的情緒，在情緒上提供支持，並提供有關焦慮症及處理焦慮症的資料，讓她了解自己的情況，最後鼓勵她接受治療。正正是一個良好的示範，告訴我們怎麼去與受焦慮困擾的青少年展開對話，提供幫助。

青年隱閉　或因社交焦慮

李永堅醫生
精神科專科醫生

　　最近，社會非常關注「隱閉青少年」這個問題，因為他們不但白白浪費了很多「黃金歲月」，影響學業和工作，而且令身邊的親友非常擔心。筆者有一個個案，22歲的阿文隱閉了一年，他的媽媽非常擔心，並因此患上抑鬱症。後來經過詳細評估，原來阿文患了社交焦慮症。

社交焦慮與害羞不同

　　社交焦慮症近年漸受關注，求診人數亦不斷上升，一生發病率約百分之三。

　　社交焦慮症患者會恐怕成為眾人注目對象，他們會逃避參與社交場合，當被人注視時，會面紅、作悶作嘔、心跳、手震，甚至有便急的感覺。他們內心希望與別人相處，但又十分害怕，因而感到很受挫折和沮喪，嚴重者會患上抑鬱症。很多人分不清楚害羞與社交焦慮的分別，其實，社交焦慮症是指患

青少年篇

者功能上失調，例如他們會逃避開會，當學生的，可能會逃避
與同學進行小組討論，進而影響學業。若只是害羞而沒有影響
日常生活，並非患上社交焦慮症。

社交焦慮症徵兆

（1）其中一個徵兆：

- 害怕成為眾人注目的對象
- 避免社交場合

（2）最少兩個緊張徵兆：

- 面泛紅潮
- 作悶作嘔
- 大、小便急的感覺

（3）情緒不穩定

（4）知道有關的恐懼和擔心是不需和過份的

（5）嚴重影響日常生活

成因與性格有關

社交焦慮的成因可與性格、家庭、成長背景及成長經歷有
關。性格害羞、內斂、孤僻的人，或缺乏自信心者，他們一般
並非社交能手，害怕與人接觸，甚至將自己收藏起來，部份隱

閉青年就是患上社交焦慮症。此外，若家庭對孩童過份呵護，例如不讓子女參加學校旅行等社交活動，久而久之，他們變得不懂與人相處，失去交際能力。另一方面，過去在社交中的不快經驗，都是成因之一。患者可能因一次當眾被奚落或受很大挫折，因而害怕再面對社交場合。

社交焦慮症屬精緒病的一種，同樣與腦部傳遞物失衡有關。因此，患者一般需要服藥治療，以穩定情緒，並且教導患者控制焦慮情緒，例如在緊張時深呼吸及進行鬆弛活動等。然後，再配合行為治療法，讓患者循序漸進地參與社交活動，從而累積成功交際經驗，增強自信心。患者應多找朋友陪伴自己去參加一些較少人的活動，最初叫找一個死黨陪伴，信心增加後，可多找幾位朋友陪伴去參加一些較多人的活動。

社交技巧治療

方法是透過小組輔導形式，教授患者與人相處的社交技巧，從而改善他們的人際關係。筆者以下介紹的社交相處技巧法，對於沒有患病的人來說同樣受用；想改善社交表現，不妨參考以下幾點：

青少年篇

社交技巧

1. 在公眾場合放膽說話，表達自己看法，不要隱藏自己。

2. 不要太介意別人的批評，應嘗試接受別人善意的批評。

3. 盡量遷就別人的興趣，不要因為興趣不同而逃避與朋友相處。

4. 嘗試改變自己的思想方式，不要只回憶在社交場合中失敗的經驗，應總結過去的成功經驗，從而提升自信心。

5. 在社交場合中控制個人情緒，不要亂發脾氣，應心平氣和與別人相處。

6. 包容他人，不要否定別人的行為。

7. 在衣着方面，應選擇適合該場合的服裝。

8. 不論男女均須注意儀容。

「思覺失調」有得救
及早協助及早治

曾媚
精神健康綜合社區中心註冊社工

今年就讀中六的家朗，是一位重讀生。由於是獨生子，父母對他期望甚高。在去年第一次應考公開試時，家朗已經感到非常大壓力，出現無法集中、反應呆滯的情況，並開始有聽到一些奇怪的聲音和說話。他會聽到有聲音叫他在堂上反駁老師。不過家朗當時尚能克制，對這些奇怪的聲音不予理會。

後來，家朗的脾氣變得越來越暴躁，經歷幻聽的次數也多了起來，內容主要是一些指令，例如要求他反駁老師、說粗言穢語……等。有一天晚上他在家溫習時，突然覺得受到生命威脅，認為媽媽要傷害他，所以收拾行裝，要去同學家暫住。當父母攔阻他時，他出現情緒失控。

結果家朗被送往急診室，經過診斷後，原來他患上了「思覺失調」。所謂「思覺失調」，其實是指早期的不正常精神狀態，患者的思維、感覺、情感與現實脫離，多發生 15 至 25 歲

青少年篇

的青少年身上。如果不能及早察覺和得到合適治療，思覺失調有可能演變為重性精神病。

思覺失調的表現，與精神分裂症相似。患者可能經歷幾個月，甚至幾年的先兆期，先兆期的症狀包括：失眠、社交退縮、多疑、無法集中精神、抑鬱、焦慮、脾氣暴躁等等。由於先兆期的症狀並不明顯，有時候不被察覺，家人或老師也可能以為像家朗最初那樣的表現，只是受青春期身心改變的影響而已。

當患者進入思覺失調的活躍期，就可能出現更多的症狀，包括幻聽、妄想、思想或說話混亂等等。為甚麼會有思覺失調呢？醫學界認為，主要是因為腦細胞或區域之間的神經傳遞化學物質失衡，而除了這項生理因素，其實也有其他外在影響因素會令患者發病，例如壓力、濫藥等原因。

要治療思覺失調，主要是靠藥物。大部份患者在服藥後，幾週就可以改善妄想、幻聽等症狀，也可以漸漸康復，所以及早辨識及治療，非常重要。而除了藥物治療之外，也可以在其他層面協助受思覺失調影響的青少年，包括家人及學校的支持、接受社區上的精神復康服務協助等。

協助有過度活躍問題的青少年

黃南輝
前社區教育部教育主任

「過度活躍症」或「專注力失調」是兒童及青少年期常見的一種精神問題，屬於先天性的發展障礙，病發率達 3% 至 5%。許多有過度活躍問題的人士，都是在幼稚園至初小期間被發現，男性的病發率大約為女性的兩倍。過度活躍症所顯現的問題主要在以下方面：

1. 專注力差——難以集中精神聽從指令，不留意細節，經常犯錯。難以專注地參與學習及遊戲。難以獨力安排或策劃活動，決策力及組織力弱。

2. 活躍多動——動作多、說話多，難以安靜地玩耍、學習或參與活動。在需要安坐的場合不時離開坐位，並經常亂跳亂跑。

3. 衝動魯莽——做事不經思考，衝動及易發脾氣，容易與人發生衝突。缺乏耐性，經常打斷別人的說話並不願按規則排隊輪候。

青少年篇

4. 善忘——在日常生活中經常忘掉要做的事情，例如之前同意幫忙做家務卻很快便忘了。常常遺失／找不到活動所需的物件如課本及文具等。

父母如發現子女出現過度活躍的症狀，需及早尋求專業協助，進行診斷及治療。以下的注意事項亦有助老師或家長減輕過度活躍問題的影響。

在提高兒童或青少年的專注力方面，規律及有秩序的生活及作息習慣會令孩子較易跟隨。此外，家長應為孩子提供較少騷擾的學習或活動環境、在做功課或溫習期間給予適當的休息及短暫舒展筋骨的時間。另外亦應培養孩子自行整理文件如課本及習作的習慣。老師可安排有過度活動問題的學生安排坐在前排、較接近老師和黑板的位置，令他較易集中精神學習。此外，亦可安排一些成績較好的學生去協助他學習。

老師及家長可以對孩子正面的行為（例如學習有進步）或態度給予肯定及讚賞，以提升他們的學習動機。在減少他們的衝動及過度活躍行為方面，老師及家長應就孩子所進行的活動（包括學習及生活）提供清晰的指引，明確指出他應守的規則及應做的適當行為；多鼓勵孩子參與課外活動及承擔簡單的任務，並協助他們逐步完成。

最後，不論老師或家長應對患有過度活躍症的孩子持有同理心，明白及體諒他們所顯現的、令人感到困擾甚至憤怒行為是因為他所患的疾病引起而並不是故意如此。因此應盡量對孩子保持寬容的態度，接納他的特殊性以及特殊需要，盡量避免以負面的溝通方式如責難、批判及論斷等對待他。

照顧有過度活躍問題的子女是一項極為勞心勞力的工作，父母通常要承受非常大的壓力，因此父母在盡心盡力照顧有問題的子女之餘，亦要多留意及關心自己的身體及精神狀況，注意休息。應避免獨力承擔所有的照顧工作，在有需要時須找其他家人幫忙又或積極尋求專業的協助。

青少年篇

資助：吳文政王月娥基金會

Acknowledgement：Vincent & Lily Woo Foundation

VINCENT & LILY WOO
FOUNDATION
吳文政王月娥基金會

www.cosmosbooks.com.hk

書　名	心康理得——與青少年溝通心法	
作　者	香港心理衞生會	
責任編輯	郭坤輝	
美術編輯	郭志民	
出　版	大地圖書有限公司	
	香港黃竹坑道46號新興工業大廈11樓（總寫字樓）	
	電話：2528 3671　傳真：2865 2609	
	香港灣仔莊士敦道30號地庫／1樓（門市部）	
	電話：2865 0708　傳真：2861 1541	
印　刷	美雅印刷製本有限公司	
	九龍觀塘榮業街6號海濱工業大廈4字樓A座	
	電話：2342 0109　傳真：2790 3614	
發　行	香港聯合書刊物流有限公司	
	香港新界大埔汀麗路36號中華商務印刷大廈3字樓	
	電話：2150 2100　傳真：2407 3062	
出版日期	2021年3月／初版